les PROFS

fenêtre sur cours

TOME 8

PICA & ERROC

Couleurs : Jacqueline GUÉNARD

Couleurs de couverture : Pierre SCHELLE

BAMBOO ÉDITION

Retrouvez sur Internet :
"Les Profs" : www.lesprofs.com
Erroc : www.erroc.fr
Pica : www.pica-bd.com

PREMIÈRE ÉDITION - Dépôt légal : janvier 2020 - ISBN : 978-2-8189-7640-1
Imprimé et relié en France par PPO Graphic, 91120 Palaiseau

Pour être alerté de la sortie du prochain album, rendez-vous sur **www.bamboo.fr/alerte-nouveaute**

PEFC 10-31-1800 / Certifié PEFC / Ce produit est issu de forêts gérées durablement et de sources contrôlées / pefc-france.org

AH, VOUS N'ÊTES PAS À LA CANTINE! TANT MIEUX, JE VOULAIS VOUS PARLER!
303
JE NE VAIS PLUS À LA CANTINE, TROP DE PRODUITS CHIMIQUES! JE PRÉFÈRE MANGER UNE SALADE DE TOMATES À L'HUILE D'OLIVE DANS MA CLASSE! VOUS EN VOULEZ?
NON, MERCI...
ÇA NE PEUT PLUS DURER!
JE NE SUPPORTE PLUS CES EXPLOSIONS RÉPÉTÉES DANS VOTRE CLASSE!
DES ÉLÈVES TERRORISÉS! DES PARENTS QUI SE PLAIGNENT! DES MILLIERS D'EUROS DE TRAVAUX CHAQUE ANNÉE!
À PARTIR DE MAINTENANT, JE VOUS INTERDIS DE MANIPULER DES PRODUITS DANGEREUX, COMPRIS?
JE NE SAIS PAS MOI... TENEZ, FAITES DES EXPÉRIENCES AVEC DE L'HUILE D'OLIVE, PAR EXEMPLE: C'EST INOFFENSIF ÇA, L'HUILE D'OLIVE!
HEIN?
COMME VOUS VOUDREZ MONSIEUR LE PROVISEUR...
BAOUMM...
PETITE PRÉCISION: UTILISEZ L'HUILE D'OLIVE QU'ON TROUVE DANS LE COMMERCE...
...PAS CELLE QUE VOUS FABRIQUEZ VOUS-MÊME...
314
PICA 04 TERRAC

CE QUE NOUS DEVONS RETENIR DE LA PHILOSOPHIE DE PLATON, C'EST QUE...
HEU, M'SIEUR, J'AI UNE QUESTION...
IL PORTAIT DES VÊTEMENTS DE QUELLE MARQUE, PLATON ?
PARDON ?
À CETTE ÉPOQUE, LES GARS FAISAIENT DU SPORT : IL AVAIT DES BASKETS NAÏK®, C'EST SÛR !...
C'EST NUL, NAÏK® ! MOI, JE PORTE QUE DES ZATITAS® !
WOOAH, ARRÊTE ! C'EST FINI, ZATITAS® !
EN TOUT CAS, POUR LES POLOS, Y'A QUE LAKOST® !
AH OUAIS, IL EST TROP BIEN, LE LOGO AVEC LE LÉZARD !
FINI ? ZATITAS® ? MAIS TU VIS SUR QUELLE PLANÈTE ?
VOUS ÊTES RIDICULES AVEC VOS MARQUES ! VOUS ÊTES DES VICTIMES DE LA PUB ! UNE PAIRE DE BASKETS, C'EST UNE PAIRE DE BASKETS ET PUIS C'EST TOUT !
VOUS POUVEZ PAS DIRE ÇA, M'SIEUR !
FAUT AVOUER QUE C'EST PAS TROP MODE, VOTRE LOOK !
OUAIS, C'EST QUOI COMME MARQUE ?
ATTENDS, AVEC SON SALAIRE, IL PEUT PAS SE PAYER DES MARQUES !
NE BOUGEZ PAS, JE REVIENS TOUT DE SUITE !
CHOIX DES MATIÈRES, RAFFINEMENT DES COLORIS, LA NOUVELLE COLLECTION AUTOMNE-HIVER PORTE BIEN HAUT LA GRIFFE ÉDUCATION NATIONALE® !
TROP TENDANCE !
SUPER !
GÉNIAL !
239
PICA 03 + ERROC

DEVANT LE BUREAU : VUE IMPRENABLE SUR LES JAMBES DE LA PROF DE FRANÇAIS...
... MAIS AUSSI SUR LA BRAGUETTE OUVERTE DU PROF DE PHILO !
PRÈS DE LA PORTE : PLUS VITE SORTI...
DRIIIIIINNNN...
PREUM'S !!!
... MAIS PLUS VITE REPÉRÉ...
J'AI BESOIN D'UN ÉLÈVE POUR AIDER À DÉCHARGER LE CAMION DE FOURNITURES...
TIENS, BOULARD, PAR EXEMPLE !
AU FOND, PRÈS DE LA FENÊTRE : TRANQUILLITÉ ABSOLUE !
... MAIS RISQUE DE BAISSE D'ATTENTION !
HÉ ! HO ! ALLEZ, FAINÉANT, RENTRE CHEZ TOI !!!
FAUT QUE JE FASSE LE MÉNAGE, MOI !
HEIN ? QUE ?
PLAF
COMME VOUS POUVEZ LE CONSTATER, C'EST PAS FACILE DE TROUVER LA BONNE PLACE DANS UNE CLASSE...
ALORS QUE FAIRE ?...
HEIN ?
BOULARD ! 1/4 D'HEURE DE RETARD !
INUTILE DE T'ASSEOIR, TU FILES EN PERMANENCE !
BEN VOILÀ : C'EST ÇA, LA MEILLEURE SOLUTION !...
321
FICA 03 + ERROC

ELLE EST VRAIMENT RÉUSSIE, CETTE EXPO !
OUAIS, Y'A UN MONDE FOU !
AH ! ILS ONT MÊME PRÉVU UN BUFFET ! C'EST UNE BONNE IDÉE, ÇA !
BRAVO AMINA ! TU AS FAIT UN SUPER TRAVAIL PÉDAGOGIQUE !
CE SONT LES ÉLÈVES ! JE SUIS TRÈS FIÈRE D'EUX !
VACHEMENT BONS, LES PETITS CANAPÉS AUX RILLETTES !
MIAM !
ET LES PETITS FRIANDS À LA SAUCISSE NE SONT PAS MAL NON PLUS !
HEU... VAS-Y DOUCEMENT...
CRONTCH !
MIAM !
CHERS ÉLÈVES, CHERS PARENTS, CHERS COLLÈGUES !
AH ! LE PROVISEUR VA FAIRE UN DISCOURS !
AÏE !
MIAM !
SLURP !
JE SUIS RAVI DE VOUS ACCUEILLIR POUR CETTE EXPOSITION QUI N'A QU'UN SEUL BUT : NOUS SENSIBILISER TOUS...
FAIM
... SUR UN DRAME QUE NOUS NE...
JE... JE NE ME SENS PAS TRÈS BIEN...
VOMIR SUR LES CHAUSSURES DU PROVISEUR PARCE QUE TU AS TROP MANGÉ...
... C'EST UN PEU DE MAUVAIS GOÛT, VU LE THÈME DE L'EXPO !
AH ÇA MIEUX !
AUJOURD'HUI 18H
GRANDE EXPOSITION
RÉALISÉE PAR LES ÉLÈVES DE LA 1°L2
LA FAIM DANS LE MONDE
VENEZ NOMBREUX !
257
PICA 03 ERROC

MA [symbols] DE VOITURE EST ENCORE AU GARAGE BOUDINI ! C'EST SYMPA D'ÊTRE PASSÉ ME CHERCHER...
MAIS NON, C'EST NORMAL...
HÉ ANTOINE, ARRÊTE-TOI ! Y'A UN GARS QUI SEMBLE AVOIR UN PÉPIN, LÀ...
AH, BONJOUR MONSIEUR. JE VIENS DE CREVER, JE N'AI PAS DE CRIC ET...
PAS DE PROBLÈME : J'AI CE QU'IL VOUS FAUT. JE VAIS VOUS DÉPANNER...
C'EST CURIEUX, J'AI L'IMPRESSION DE VOUS AVOIR DÉJÀ VU QUELQUE PART...
AAAAH ! ÇA NE M'ÉTONNE PAS...
HÉ HÉ !
JE SUIS SOCIOLOGUE ET, EN CE MOMENT, JE PASSE SOUVENT À LA TÉLÉ POUR PRÉSENTER MON NOUVEAU LIVRE...
... QUI A DÉJÀ UN BEAU SUCCÈS, D'AILLEURS !
MAIS OUI ! BIEN SÛR ! COMMENT IL S'APPELLE, VOTRE BOUQUIN ?...
ATTENDEZ, ÇA VA ME REVENIR !...
AH ! ÇA Y EST : JE ME SOUVIENS...
HEU... C'EST QUOI LE TITRE DE SON BOUQUIN ?
« ÉTUDE SUR LES PROFS : POURQUOI SONT-ILS DE PLUS EN PLUS NULS ? »
?
?
?
?
?
VROOOOOOM
FICA 04 + ERROC

HMM... BIEN VU, ÇA...
EXCELLENT, MÊME !
ÇA VAUT UN 18/20 ÇA...
VOYONS COMMENT S'APPELLE CE PETIT GÉNIE ?
NON ??
INCROYABLE !
EXTRAORDINAIRE !
JE LE CROIS PAS !
C'EST UN MIRACLE !
OH ! MERCI SAINTE ÉDUCATION NATIONALE !
MERCI D'AVOIR EXAUCÉ LES VŒUX LES PLUS FOUS DE TON FIDÈLE SERVITEUR !
SNIF !
ALLONZENFANTS DE LA PATRIIIIIEU...
POP !
...LE JOUR DE GLOIRE ÈÈÈÈ TARRIVÉ !...
PETIT DOUTE...
GROS DOUTE...
MÉGA DOUTE !
AH, OUAIS ! D'ACCORD...
C'EST UN "D"...
BOUDARD ! TU ES NOUVEAU DANS CE LYCÉE, ALORS JE TE PRIERAI D'ÉCRIRE TON NOM LISIBLEMENT POUR ÉVITER DE FAIRE DES FAUSSES JOIES À TES PROFS !
... POUR T'APPRENDRE, JE T'AI MIS 4/20 !
297
PICA 04 + ERROC

...MOI QUI VOUS PARLE JE SUIS...
...D'UNE DÉBILITÉ PROFONDE...
...ET SALE COMME CES TORCHONS!
HIHIHI! C'EST GÉNIAL COMME JEU: EN ENLEVANT ET EN REMETTANT CES BOUCHONS D'OREILLES TOUTES LES DEUX SECONDES, ON A L'IMPRESSION QU'ELLE DIT N'IMPORTE QUOI!!!
ÇA CHANGE PAS BEAUCOUP PAR RAPPORT À D'HABITUDE, REMARQUE!
?
POP
POP
POP
POP
POP
POP POP
POP POP
POP POP
POP
POP
POP
PICA 04 + ERROC

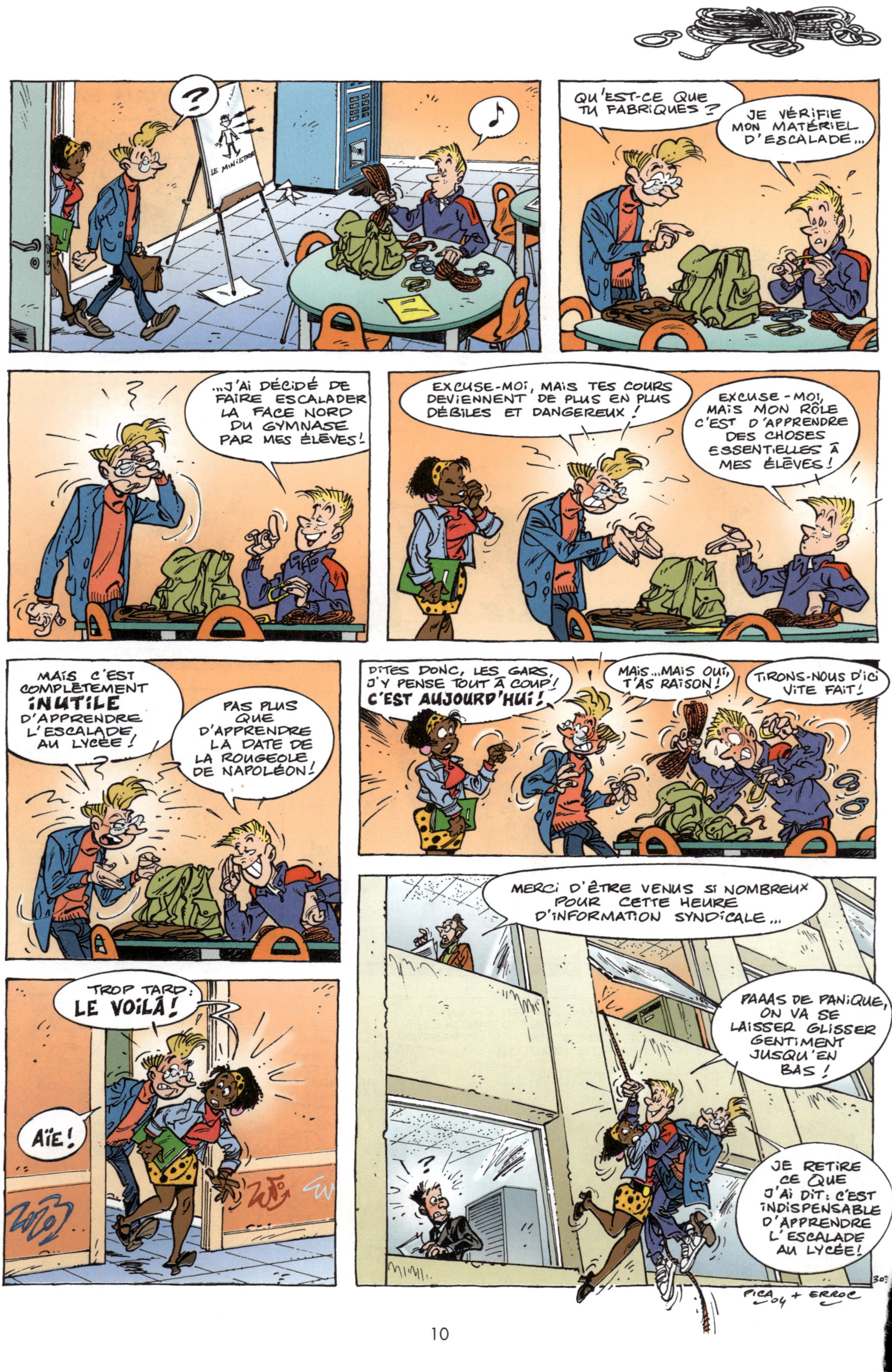
?
LE MINISTRE
♪
QU'EST-CE QUE TU FABRIQUES ?
JE VÉRIFIE MON MATÉRIEL D'ESCALADE...
...J'AI DÉCIDÉ DE FAIRE ESCALADER LA FACE NORD DU GYMNASE PAR MES ÉLÈVES !
EXCUSE-MOI, MAIS TES COURS DEVIENNENT DE PLUS EN PLUS DÉBILES ET DANGEREUX !
EXCUSE-MOI, MAIS MON RÔLE C'EST D'APPRENDRE DES CHOSES ESSENTIELLES À MES ÉLÈVES !
MAIS C'EST COMPLÈTEMENT INUTILE D'APPRENDRE L'ESCALADE AU LYCÉE !
PAS PLUS QUE D'APPRENDRE LA DATE DE LA ROUGEOLE DE NAPOLÉON !
DITES DONC, LES GARS, J'Y PENSE TOUT À COUP ! C'EST AUJOURD'HUI !
MAIS... MAIS OUI, T'AS RAISON !
TIRONS-NOUS D'ICI VITE FAIT !
TROP TARD : LE VOILÀ !
AÏE !
MERCI D'ÊTRE VENUS SI NOMBREUX POUR CETTE HEURE D'INFORMATION SYNDICALE...
PAAAS DE PANIQUE, ON VA SE LAISSER GLISSER GENTIMENT JUSQU'EN BAS !
JE RETIRE CE QUE J'AI DIT : C'EST INDISPENSABLE D'APPRENDRE L'ESCALADE AU LYCÉE !
PICA 04 + ERROC

PCHHHHH...
HiHiHi...
LE
C'EST ENCORE BOULARD ET Y'EN A MARRE !
LE
TIENS, VOUS FAITES DES VERS, M'SIEUR !
UN JOUR, JE VAIS TE FAIRE LÉCHER TOUS LES MURS QUE TU AS TAGUÉS ET...
UN INSTANT !
VOUS ALLIEZ COMMETTRE UNE FAUTE IMPARDONNABLE !
LE PSY SCOLAIRE !
BOB
IL NE FAUT PAS BRIDER LES JEUNES DANS LEURS BESOINS D'EXPRESSION !
JE VEUX PAS LE BRIDER, JE VEUX LUI FAIRE BOUFFER SA BOMBE !
ASSEZ ! VOULEZ-VOUS QUE JE DISE À Mr LE PROVISEUR QUE VOUS ÊTES SOURD AUX APPELS DE DÉTRESSE DES ADOLESCENTS ?
GRMBLL... CAPTEUR !
VAS-Y, MON GARÇON : EXPRIME TA VÉRITÉ !
MERCI, M'SIEUR !
MAIS QU'EST-CE QUE VOUS ATTENDEZ POUR SÉVIR ? LES GAMINS ONT VRAIMENT TOUS LES DROITS DANS CE BAHUT !
JE M'EN VOUDRAIS DE BRIDER UN JEUNE !
LE PSY SCOLAIRE EST UNE GROSSE TACHE !
TAG
BOB
306.
PICA 04 + ERROC

TIENS ? DES PETITS NOUVEAUX !
SALLE DES PROFESSEURS
BONJOUR ! NOUS SOMMES ÉTUDIANTS À L'IUFM(1) ET NOUS SOMMES ICI POUR UNE SEMAINE DE STAGE PRATIQUE !
ENCHANTÉ !
(1) ÉCOLE QUI FORME NOS AMIS LES PROFS.
MOI JE SUIS PROF DE MATHS ET BENOÎT EST PROF DE FRANÇAIS...
VU LA TÊTE QU'IL FAIT, IL DOIT ÊTRE DANS LA CLASSE D'AMINA !
HIHIHI !
SALLE DES PROFESSEURS
VRAIMENT GÉNIAL, CE STAGE !
VENEZ, ON VOUS OFFRE UN PETIT CAFÉ !
MERCI !
NOTRE FORMATION EST BEAUCOUP TROP THÉORIQUE : C'EST TRÈS IMPORTANT POUR NOUS DE CONNAÎTRE LA RÉALITÉ DU TERRAIN !
JE NE SUIS PAS D'ACCORD AVEC VOUS : JE PRÉFÈRE LARGEMENT LA THÉORIE À LA PRATIQUE !
CAFÉ
STAGIAIRE EN CLASSE DE CHIMIE ?
COMMENT AVEZ-VOUS DEVINÉ ?
CIRCULAIRES MIN
296
PICA 04 + ERROC

BON! SORTEZ VOTRE LIVRE: "JE SPEAK ENGLISH TROP GOOD" ET OUVREZ-LE PAGE 57!
?
BOULARD! TU N'AS PAS TON LIVRE?
YOURE BOUQUE?
NON, M'DAME...
J'AI DÉCIDÉ DE FAIRE LA GRÈVE DES LIVRES! POUR CHAQUE MATIÈRE, IL FAUT QU'ON SE TRIMBALE UN OU DEUX BOUQUINS...
? ?
RÉSULTAT: NOS CARTABLES PÈSENT AU MOINS 15 KILOS!
HAHAHA! ALORS ÇA, C'EST LA MEILLEURE!
LES JEUNES D'AUJOURD'HUI, VOUS ÊTES DES LAVETTES! C'EST DE LA MIE DE PAIN QUE VOUS AVEZ DANS LES MUSCLES! DU FROMAGE BLANC! DU POUDIGNE!
C'EST VRAI QU'ILS SONT LOURDS, M'DAME! SOULEVEZ LE MIEN, POUR VOIR...
OUATE?
GRÈVE LE 12! ET AUSSI LE 13! (ET PEUT-ÊTRE LE 14
RÉSULTAT: DÉCHIRURE LIGAMENTAIRE, FRACTURE DU POIGNET ET DÉBOÎTEMENT DE L'ÉPAULE...
PFFF
307.
FICA 04 + ERROC

P
RÉSERVÉ AUX PROFESSEURS

COPIE ! COPIE !
ON VA SE BOIRE UN PETIT CAFÉ CHEZ NÉNESSE ?
BONNE IDÉE ! J'EN AI BU QUE 32 AUJOURD'HUI...
HEU... ÇA VA PAS, MAURICE ?
HMMM ?
JE SAIS PAS... JE ME SENS UN PEU OPPRESSÉ, UNE SORTE DE MAUVAIS PRESSENTIMENT...
SNIF ? SNIF ? SNIF ?
?
OUI ! ILS SONT DEUX !
JUSTE DEVANT L'ENTRÉE !
IL FAUT QUE JE SORTE PAR LE PARKING !
JE VOUS RETROUVE CHEZ NÉNESSE !
P
RÉSERVÉ AUX
IL M'ÉTONNERA TOUJOURS, MAURICE : QUAND IL EST ATTENDU PAR DES PARENTS D'ÉLÈVES, IL LE SENT !
C'EST À ÇA QU'ON RECONNAÎT UN VRAI PRO !
308
PICA 04 + ERROC

J'EN AI MARRE DE TRAVAILLER DANS UN ÉTABLISSEMENT OÙ TOUT LE MONDE SE FOUT DE TOUT !
EN PANNE
?
??
CE QU'IL FAUDRAIT, C'EST PRIVATISER CE LYCÉE !
IL DEVRAIT FONCTIONNER COMME UNE ENTREPRISE. LES BONS PROFS COMPÉTENTS SERAIENT MIEUX PAYÉS QUE LES AUTRES !
... ET LES PARASITES (JE NE NOMMERAI PERSONNE) SERAIENT IMPITOYABLEMENT RENVOYÉS !
PAREIL POUR LES ÉLÈVES : FINI DE S'ENCOMBRER DE GAMINS PAS RENTABLES ! LES BOULETS COMME BOULARD, DEHORS !
TOUT DEVRAIT ÊTRE SOUMIS À L'IMPITOYABLE LOI DU MARCHÉ !
ÉVIDEMMENT, CETTE MACHINE EST ENCORE EN PANNE !
EN PANNE
J'AI FAIT DU CAFÉ, SI TU VEUX...
AH !
SEULEMENT, JE VIENS DE DÉCIDER DE LE PRIVATISER : C'EST 10 EUROS LE GOBELET !
AAAH, L'IMPITOYABLE LOI DU MARCHÉ !
L'ÉQUIPE

PERDU ! JE SUIS PERDU DANS LA JUNGLE DU SAN GASPACHO !
GASP !
IL FAUT TENIR ! AVANCER ET TENIR !
COUP
COUP
AARGG ! CETTE CHALEUR... CES MOUSTIQUES ! ET MA GOURDE QUI EST VIDE !
BZZZ
BZZZ
BZZZ
BZZZ
BZZZ
LES... LES INDIENS CHORIZOS ! ILS M'ONT RETROUVÉ !
PLUS QU'UNE SOLUTION : FUIR PAR LES RAPIDES, MÊME SI JAMAIS PERSONNE NE S'EN EST SORTI VIVANT !
AH NON, LÀ C'EST TROP !
QUE VOUS VOULIEZ RENDRE VOS COURS PLUS VIVANTS, D'ACCORD !
MAIS MAINTENANT, J'AIMERAIS QUE CETTE CLASSE RETROUVE SON ASPECT NORMAL !
BZZZ
BZZZ
BZZZ
310
PICA 04 TERROE

Tûû
Tûû
Tûû

TIP TIP TIP TIP
AH, BOULARD! T'ES LÀ!
SI ON VEUT ACHETER LE DERNIER CD DE "ROB WED & CO", FAUT QU'ON SE MAGNE: LE MUSIC HYPRASTORE FERME À 6 HEURES!
HÉÉÉ!
?
?
AAAAAAHHH...
JE COMPRENDS PAS, M'SIEUR: ELLE EST TOMBÉE DANS LES POMMES, COMME ÇA, D'UN SEUL COUP!
VITE! IL FAUT LA TRANSPORTER À L'INFIRMERIE!
C'É... C'ÉTAIT AFFREUX... HORRIBLE!
LÀ, LÀÀÀÀ, C'EST FINI MAINTENANT!
ELLE A LU LE SMS DE BOULARD: "C A KEL EUR KON CE VOI SAMDI?"
AUTANT DE FAUTES DANS UNE SEULE PHRASE, ELLE N'A PAS SUPPORTÉ!
318
PICA & ERROC

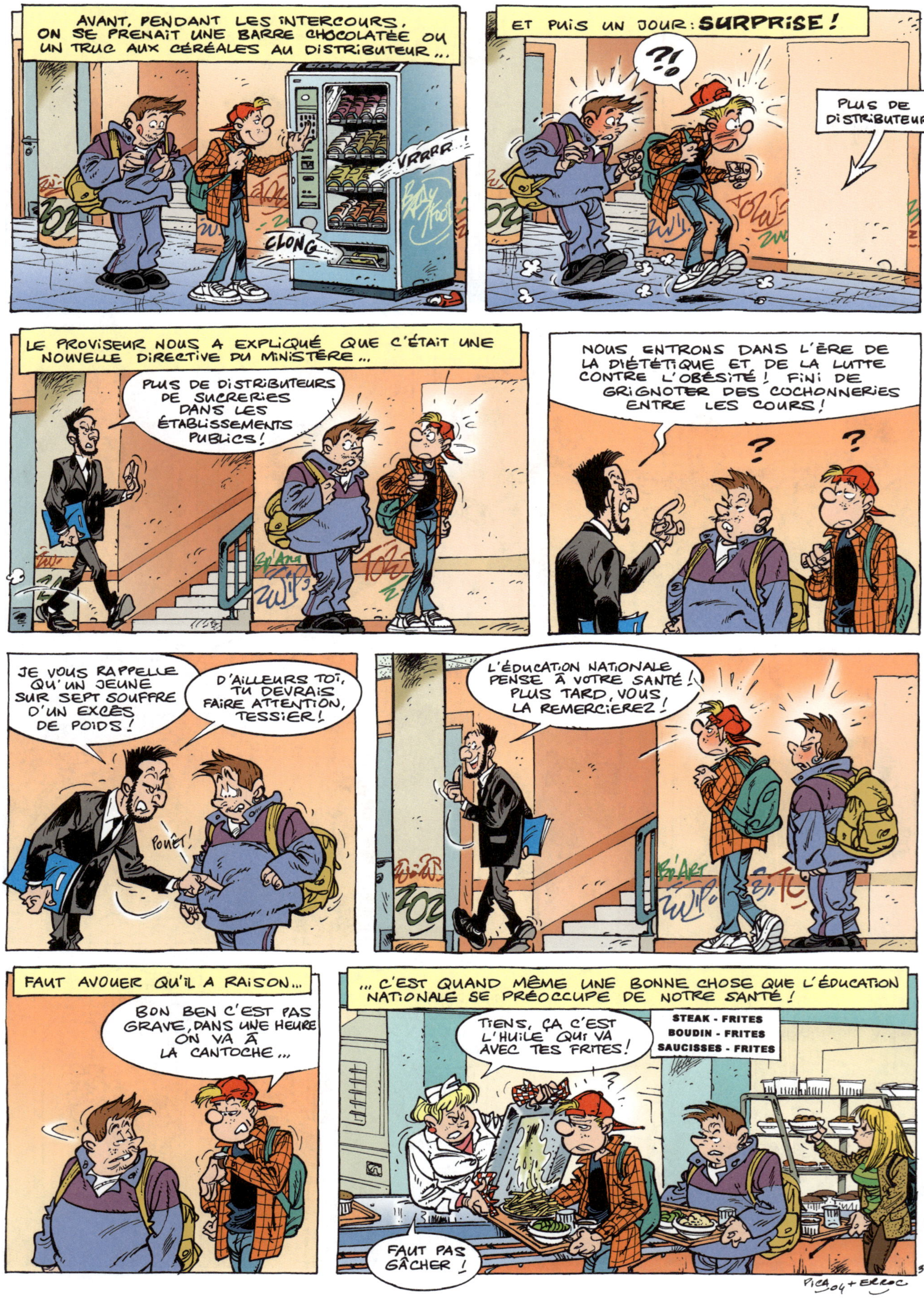
AVANT, PENDANT LES INTERCOURS, ON SE PRENAIT UNE BARRE CHOCOLATÉE OU UN TRUC AUX CÉRÉALES AU DISTRIBUTEUR...
VRRRR
CLONG
ET PUIS UN JOUR : SURPRISE !
?!
PLUS DE DISTRIBUTEUR
LE PROVISEUR NOUS A EXPLIQUÉ QUE C'ÉTAIT UNE NOUVELLE DIRECTIVE DU MINISTÈRE...
PLUS DE DISTRIBUTEURS DE SUCRERIES DANS LES ÉTABLISSEMENTS PUBLICS !
NOUS ENTRONS DANS L'ÈRE DE LA DIÉTÉTIQUE ET DE LA LUTTE CONTRE L'OBÉSITÉ ! FINI DE GRIGNOTER DES COCHONNERIES ENTRE LES COURS !
?
?
JE VOUS RAPPELLE QU'UN JEUNE SUR SEPT SOUFFRE D'UN EXCÈS DE POIDS !
D'AILLEURS TOI, TU DEVRAIS FAIRE ATTENTION, TESSIER !
POUËT !
L'ÉDUCATION NATIONALE PENSE À VOTRE SANTÉ ! PLUS TARD, VOUS LA REMERCIEREZ !
FAUT AVOUER QU'IL A RAISON...
BON BEN C'EST PAS GRAVE, DANS UNE HEURE ON VA À LA CANTOCHE...
... C'EST QUAND MÊME UNE BONNE CHOSE QUE L'ÉDUCATION NATIONALE SE PRÉOCCUPE DE NOTRE SANTÉ !
TIENS, ÇA C'EST L'HUILE QUI VA AVEC TES FRITES !
STEAK - FRITES
BOUDIN - FRITES
SAUCISSES - FRITES
FAUT PAS GÂCHER !
313.
PICA 04 + ERROC

IDÉE !
Achetez le dernier tome des "Profs" C'est génial !
?
PSSST PSSST PSSST...
?
PFFF PFFFFFF...
HEU... ÇA VA, TU TE SENS BIEN ?
TRÈS BIEN, POURQUOI ?
HIHIHIHI
À MON AVIS, TU RÊVES COMPLÈTEMENT, LÀ !
TU M'ÉTONNES !
PFFF
LE PROVISEUR NE POURRA JAMAIS CROIRE ÇA !
BEN, FAUT AVOUER QUE C'EST DIFFICILE À AVALER !
ET PUIS MÊME SI LA SCIENCE FAIT D'ÉNORMES PROGRÈS, JE NE PENSE PAS QUE ÇA PUISSE UN JOUR T'ARRIVER EN VRAI !
Café
ALLEZ, ARRÊTE, TU TE FAIS DU MAL !
OUI, RETIRE CE COUSSIN !
CIRCULAIRES MINISTÉRIELLES
DOMMAGE... UN CONGÉ DE MATERNITÉ, ÇA AURAIT VRAIMENT ÉTÉ LE COURONNEMENT DE MA CARRIÈRE...
SOUPIR...
Pica 04 + Erroc

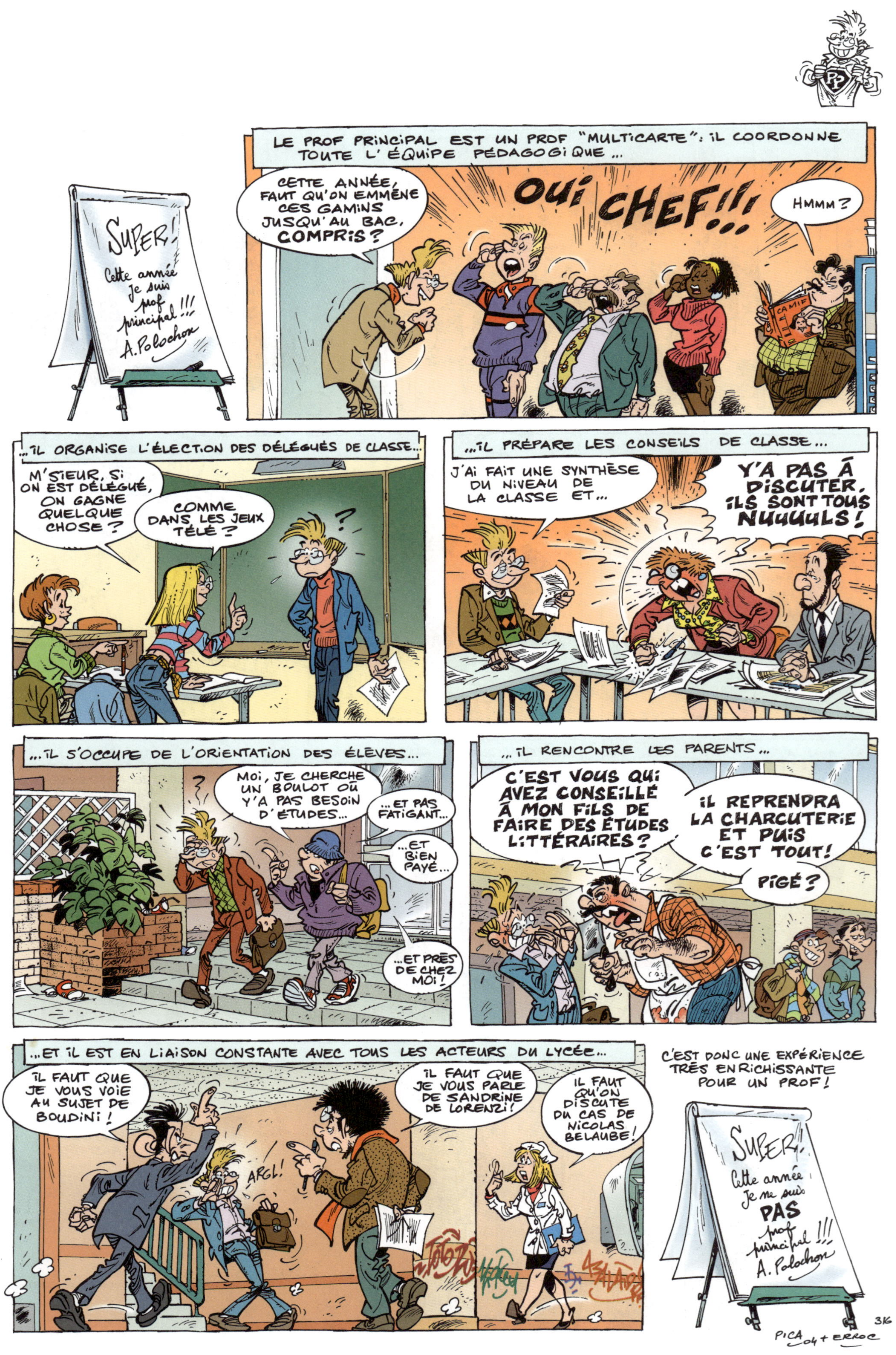
SUPER ! Cette année je suis prof principal !!! A. Polochon
LE PROF PRINCIPAL EST UN PROF "MULTICARTE" : IL COORDONNE TOUTE L'ÉQUIPE PÉDAGOGIQUE...
CETTE ANNÉE, FAUT QU'ON EMMÈNE CES GAMINS JUSQU'AU BAC. COMPRIS ?
OUI CHEF !!!...
HMMM ?
CAMIF
...IL ORGANISE L'ÉLECTION DES DÉLÉGUÉS DE CLASSE...
M'SIEUR, SI ON EST DÉLÉGUÉ, ON GAGNE QUELQUE CHOSE ?
COMME DANS LES JEUX TÉLÉ ?
...IL PRÉPARE LES CONSEILS DE CLASSE...
J'AI FAIT UNE SYNTHÈSE DU NIVEAU DE LA CLASSE ET...
Y'A PAS À DISCUTER. ILS SONT TOUS NUUUULS !
...IL S'OCCUPE DE L'ORIENTATION DES ÉLÈVES...
MOI, JE CHERCHE UN BOULOT OÙ Y'A PAS BESOIN D'ÉTUDES...
...ET PAS FATIGANT...
...ET BIEN PAYÉ...
...ET PRÈS DE CHEZ MOI !
...IL RENCONTRE LES PARENTS...
C'EST VOUS QUI AVEZ CONSEILLÉ À MON FILS DE FAIRE DES ÉTUDES LITTÉRAIRES ?
IL REPRENDRA LA CHARCUTERIE ET PUIS C'EST TOUT !
PIGÉ ?
...ET IL EST EN LIAISON CONSTANTE AVEC TOUS LES ACTEURS DU LYCÉE...
IL FAUT QUE JE VOUS VOIE AU SUJET DE BOUDINI !
IL FAUT QUE JE VOUS PARLE DE SANDRINE DE LORENZI !
IL FAUT QU'ON DISCUTE DU CAS DE NICOLAS BELAUBE !
ARGL !
C'EST DONC UNE EXPÉRIENCE TRÈS ENRICHISSANTE POUR UN PROF !
SUPER ! Cette année je ne suis PAS prof principal !!! A. Polochon
316
PICA 04 + ERROC

LUNDI...
MARDI...
BONG
BLÔK
MERCREDI...
EN PANNE
JEUDI...
PÉTITION:
ON VEUT UNE PHOTOCOPIEUSE NEUVE
TAP TAP TAP
LUNDI MATIN...
PHOTOCOPIEUSE NEUVE
LUNDI MATIN...
TIP! TIP! TIP! TIP! TIP!
LUNDI APRÈS-MIDI...
MODE D'EMPLOI TRADUIT DU CORÉEN
MARDI MATIN!
PÉTITION:
RENDEZ-NOUS NOTRE PHOTOCOPIEUSE
JE CROIS QUE JE VAIS FAIRE UNE DEMANDE DE RETRAITE ANTICIPÉE...

ET VOILÀ! ENCORE UN ARTICLE QUI CONSIDÈRE QUE TOUS LES ENSEIGNANTS SONT DES FAINÉANTS!
CE QUI N'EST PAS, HÉLAS, TOTALEMENT FAUX!
AAAAH. J'AURAIS TANT AIMÉ ÊTRE PROFESSEUR DANS LES ANNÉES 30, PAR EXEMPLE...
À CETTE ÉPOQUE LE PROFESSEUR ÉTAIT RESPECTÉ PAR SES ÉLÈVES...
Morale du jour: Je dois respect et obéissance aux adultes.
...ET PAR L'ENSEMBLE DE LA POPULATION...
BONJOUR, MONSIEUR LE PROFESSEUR!
OOOH, C'EST UN PROFESSEUR!
MES RESPECTS, MONSIEUR LE PROFESSEUR!
...À CETTE ÉPOQUE, LE PROFESSEUR EXPÉRIMENTÉ ÉTAIT UN EXEMPLE POUR SES COLLÈGUES!...
J'AI TANT À APPRENDRE DE VOUS! JE VOUS ADMIRE TANT! JE...
JE SUIS OCCUPÉ, MONSIEUR POLOCHON!
...À CETTE ÉPOQUE, LE PROFESSEUR POUVAIT PUNIR LES ÉLÈVES COMME ILS LE MÉRITAIENT!...
BIEN TENDUS LES DOIGTS!
PLUS HAUT!
PLUS HAUT J'AI DIT!
PITIÉ MONSIEUR!
...À CETTE ÉPOQUE, LE PROFESSEUR COMPÉTENT POUVAIT ESPÉRER UNE RECONNAISSANCE OFFICIELLE...
SNIF!
CE N'EST PAS SANS UNE CERTAINE ÉMOTION QUE JE VOUS REMETS LES PALMES ACADÉMIQUES!
CLAP! CLAP! CLAP! CLAP! CLAP! CLAP!
MAIS À CETTE ÉPOQUE, IL N'Y AVAIT PAS DE CATALOGUE DE LA CAMIF POUR FAIRE TAIRE UN COLLÈGUE PÉNIBLE!
C'EST VRAI QUE CA C'EST UN PROGRES!
HUMPF HUMPF
PICA 04 + ERROC

ICTIONNAIRE
LE LANGAGE PÉDADINGO
un exposé d'A. Polochon
BONJOUR : JE VOUDRAIS VOUS PARLER D'UN SUJET QUI NOUS CONCERNE TOUS, NOUS AUTRES PROFS...
LE LANGAGE PÉDADINGO !
C'EST LE JARGON DÉLIRANT ET INCOMPRÉHENSIBLE QU'ON UTILISE DANS L'ÉDUCATION NATIONALE !
POUR COMPRENDRE SON ORIGINE, IL FAUT SAVOIR QUE TOUT A COMMENCÉ UNE NUIT D'ORAGE DANS UN HANGAR SORDIDE APPARTENANT À L'ÉDUCATION NATIONALE...
BROLÔM BOLÔM
BROLÔM BOLÔMMM
PROPRIÉTÉ DE L'ÉDUCATION NATIONALE NE PAS ENTRER
VOUS ÊTES SÛR QUE C'EST SANS DANGER ?
LÀ, TROIS TECHNOCRATES ALLAIENT TENTER UNE EXPÉRIENCE INSENSÉE !
NON, MAIS NOUS DEVONS LE FAIRE !
ON REPROCHE À L'ÉDUCATION NATIONALE D'AVOIR UN LANGAGE COMPLIQUÉ, DE NE PAS SAVOIR COMMUNIQUER... CE PROGRAMME VA PERMETTRE À JEAN-JACQUES D'ASSIMILER UN ENSEMBLE DE MOTS SIMPLES !
SI L'EXPÉRIENCE RÉUSSIT, CE NE SERA PLUS UN TECHNOCRATE MAIS UN ÊTRE HUMAIN NORMAL !
MON DIEU, EST-CE POSSIBLE ?
VOUS ÊTES PRÊT, JEAN-JACQUES ?
OUI !
... ALORS, JE LANCE LE PROGRAMME !

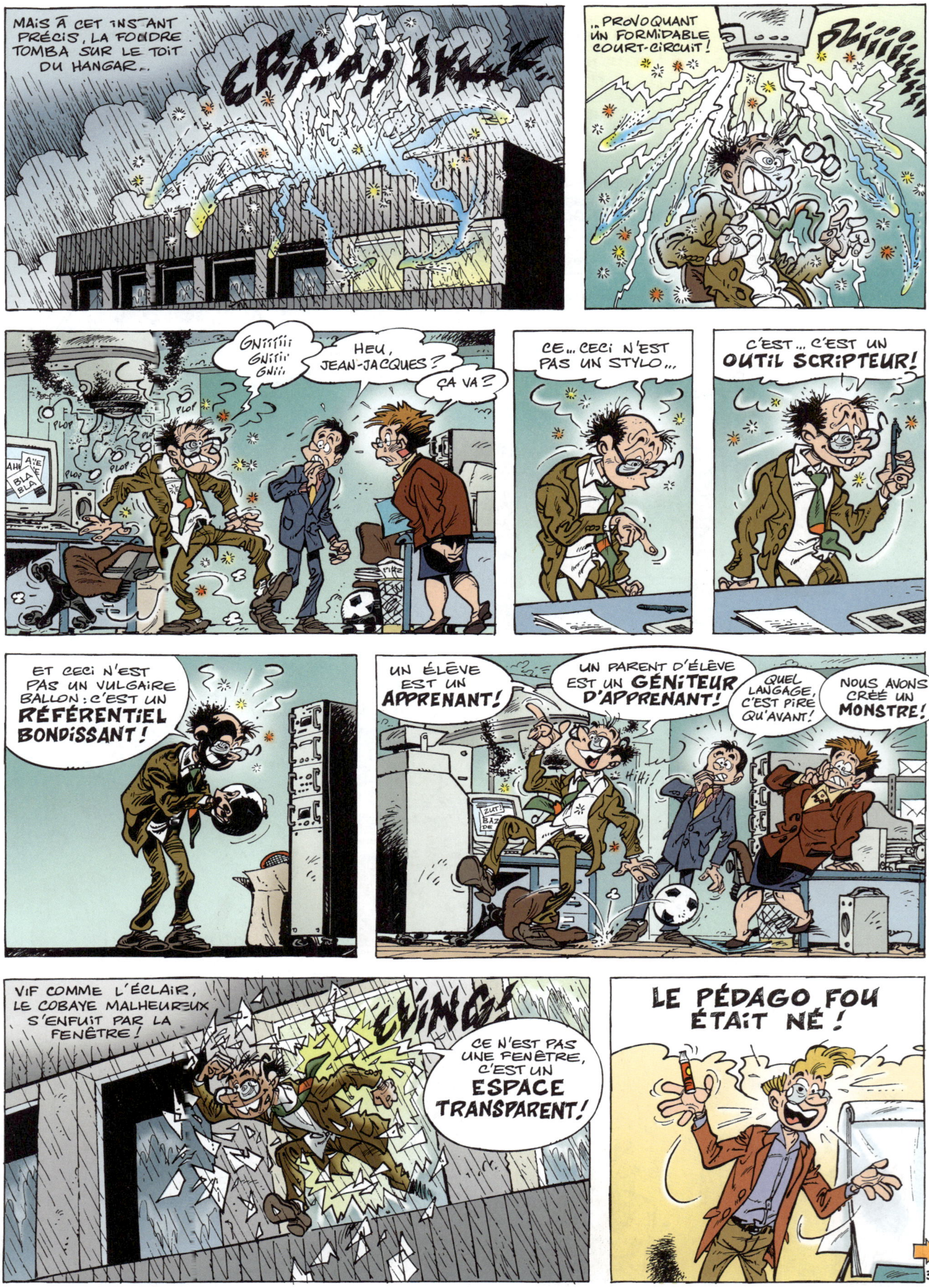
MAIS À CET INSTANT PRÉCIS, LA FOUDRE TOMBA SUR LE TOIT DU HANGAR...
... PROVOQUANT UN FORMIDABLE COURT-CIRCUIT !
GNIIIII GNIII GNIII
HEU, JEAN-JACQUES ?
ÇA VA ?
CE... CECI N'EST PAS UN STYLO...
C'EST... C'EST UN OUTIL SCRIPTEUR !
ET CECI N'EST PAS UN VULGAIRE BALLON : C'EST UN RÉFÉRENTIEL BONDISSANT !
UN ÉLÈVE EST UN APPRENANT !
UN PARENT D'ÉLÈVE EST UN GÉNITEUR D'APPRENANT !
QUEL LANGAGE, C'EST PIRE QU'AVANT !
NOUS AVONS CRÉÉ UN MONSTRE !
VIF COMME L'ÉCLAIR, LE COBAYE MALHEUREUX S'ENFUIT PAR LA FENÊTRE !
CE N'EST PAS UNE FENÊTRE, C'EST UN ESPACE TRANSPARENT !
LE PÉDAGO FOU ÉTAIT NÉ !

OBSERVONS DE PLUS PRÈS LE CERVEAU DU PÉDAGO FOU...
... CE QUE LUI APPELLERAIT: "SON RÉFÉRENTIEL NEURONAL CONCEPTUEL"...
Cerveau du pédago fou!
ON CONSTATE QU'IL A ÉTÉ ATTEINT DE "NÉBULITOSE", UNE MALADIE QUI REND TOUT CE QU'IL INVENTE NÉBULEUX ET INCOMPRÉHENSIBLE !
TAP! TAP!
C'EST AFFREUX!
LE PÉDAGO FOU SE RÉFUGIA DANS UNE ÉCOLE DÉSAFFECTÉE...
HAHAHA!
ÉCOLE
ÉCOLE COMMUNALE
LÀ, IL RÉDIGEA FÉBRILEMENT TOUTES LES BASES DU LANGAGE PÉDADINGO...
L'ÉCRITURE, C'EST "LA MOTRICITÉ DE PROXIMITÉ"!
LE BRAS, C'EST "LE SEGMENT MANIPULATEUR ANTÉRIEUR"!
HIHIHI! JE SUIS GÉNIAL!
PUIS IL FORMA TOUT UN RÉSEAU DE DISCIPLES, TOTALEMENT VOUÉS À SA CAUSE...
CONSCIENCE PHONOLOGIQUE!
MOUTURE SYNTHÉTISÉE!
AUTOSOCIOCONSTRUCTION DES SAVOIRS!
OUAIS! BRAVO! CLAP! CLAP!
CLAP! CLAP!
TROP FORT! CLAP!
... QUI, TELLES DES NUÉES DE SAUTERELLES, SE SONT ABATTUS SUR LES INSTITUTS DE FORMATION DES PROFS!
... OÙ ILS FIRENT DES DÉGÂTS ABSOLUMENT TERRIBLES!
ATTENTION, CECI N'EST PAS UN BALLON...
"C'EST UN "RÉFÉRENTIEL BONDISSANT"!
?
ET ÇA, C'EST QUOI?
vocabulaire pédagogique :
BEN UN BALLON DE RUGBY...
NON! C'EST UN "RÉFÉRENTIEL BONDISSANT ALÉATOIRE"!
VOUS NE SEREZ JAMAIS PROF, VOUS!
326c

AUJOURD'HUI, UN PROF NE DOIT PLUS DIRE :
UN ÉLÈVE A PÉTÉ UNE VITRE AVEC SON BALLON !
... MAIS IL DOIT DIRE :
UN APPRENANT A CASSÉ UN ESPACE TRANSPARENT AVEC SON RÉFÉRENTIEL BONDISSANT !
?
HEUREUSEMENT, DANS L'ENSEMBLE, LES PROFS PRENNENT TOUT ÇA AVEC HUMOUR...
AH, BOULARD ! J'AI APPRIS QUE TU N'ÉTAIS PLUS UN CANCRE MAIS UN INAPPÉTENT SCOLAIRE !
HIHIHI
TOUTES MES FÉLICITATIONS !
ALLEZ, UN DERNIER EXEMPLE POUR VOIR SI VOUS AVEZ BIEN COMPRIS : C'EST QUOI, UNE "MANIFESTATION GROUPALE COMPULSIVE DANS UN ESPACE INTERSTITIEL DE LIBERTÉ" ?
HMM ?
BEN OUI, C'EST UN MÉGA CHAHUT DANS LA COUR DE RÉCRÉ...
LE PÉDAGO FOU EST TOUJOURS EN LIBERTÉ : ET LES NUITS D'ORAGE, IL CONTINUE D'ENRICHIR LE LANGAGE PÉDADINGO...
COMPÉTENCES TRANSVERSALES !
EXIGENCE PROTÉIFORME !
PENSÉE HYPOTHÉTICO-DÉDUCTIVE !
EN CONCLUSION, SOYONS TRÈS VIGILANTS ! CAR CE GENRE DE DÉLIRE LINGUISTIQUE...
... POURRAIT UN JOUR TOUCHER D'AUTRES PROFESSIONS !
NOUS, C'EST FINI, ON FAIT PLUS DE LA BD...
ON FAIT DE LA CONSTRUCTION RÉFÉRENTIELLE DE NARRATION SCRIPTO-GRAPHIQUE !
C'EST PLUS CLASSE !
ERROC
PICA
NOTE : TOUT LE JARGON UTILISÉ DANS CETTE HISTOIRE EST RIGOUREUSEMENT AUTHENTIQUE !
PICA 04 + ERROC

PUB BIENVENUE À SHOPPING PROF!!!

TÛÛT! TÛÛT!
?
OHÉÉÉ! C'EST MOI!
VOUS TOMBEZ BIEN, JE VOULAIS VOUS VOIR JUSTEMENT!
BAR chez NEMESSE
RÔÔÔÔ
ALORS, COMMENT ALLEZ-VOUS? PAS DE CONGÉ MALADIE EN VUE, J'ESPÈRE?
HAHA!
VOUS AVEZ VU CE PETIT BIJOU? JE VIENS DE ME L'OFFRIR...
FAUT AVOUER QUE LES AFFAIRES MARCHENT BIEN EN CE MOMENT!
TAP! TAP!
D'AILLEURS, J'AI AUSSI UN PETIT CADEAU POUR VOUS!
ATTENDEZ!
TENEZ, VOUS LA BOIREZ À MA SANTÉ! ET ÇA C'EST POUR VOTRE DAME, J'ESPÈRE QUE ÇA LUI FERA PLAISIR!
SI, SI, VOUS LE MÉRITEZ!
ALLEZ, À BIENTÔT MON AMI! J'ESPÈRE QUE VOUS RESTEREZ TRÈS LONGTEMPS DANS CE LYCÉE!
SNIF!
J'AIME TELLEMENT VOTRE FAÇON D'ENSEIGNER!
?
BEN DIS DONC, J'AI RAREMENT VU UN PARENT D'ÉLÈVE AUSSI ENTHOUSIASTE!
CE N'EST PAS UN PARENT D'ÉLÈVE...
VRÔÔÔÔÔ
TÛÛT! TÛÛT! TÛÛT!
POPOL
...C'EST LE PATRON DE L'ENTREPRISE DE BÂTIMENT QUI RECONSTRUIT MA CLASSE APRÈS CHAQUE EXPLOSION...
328.
PICA 04 + ERROC

Tic!
Tac!
Tic!

BLA...
BLA...
BLA...
BLA...
MAIS BLA...
ET ENCORE BLA...
BLA BLA...
BLA...
412
EXCUSEZ-MOI, JE SUIS UN PEU EN RETARD !
ALLEZ, ON NE PERD PAS DE TEMPS ET ON SE MET TOUT DE SUITE AU TRAVAIL !
EXCUSEZ-MOI, JE SUIS UN PEU EN RETARD !
EH BIEN, TU VAS IMMÉDIATEMENT CHERCHER UN BILLET DE RETARD CHEZ LE CPE, BOULARD !
JE TROUVE QU'IL EST NORMAL D'ÊTRE SANCTIONNÉ, QUAND ON NE RESPECTE PAS LE RÈGLEMENT !
ET C'EST VALABLE POUR TOUT LE MONDE DANS CETTE CLASSE !
HEU...
JE VIENS CHERCHER UN BILLET DE RETARD...
?
329
PICA 05 + ERROC

M A
NON, MAIS TU TE RENDS COMPTE ? DEMAIN, JE SUIS INVITÉ DANS L'ÉMISSION "POINTÀLALIGNE" POUR PARLER DE MON BOUQUIN ! C'EST... C'EST DINGUE, NON ?
JE SUIS TRÈS FIÈRE DE TOI, ANTOINE !
TU M'OFFRES UN PETIT CAFÉ POUR FÊTER ÇA ?
TU VEUX PAS UN AUTOGRAPHE PLUTÔT ?
SALLE DES PROFESSEURS
HiHiHi
BEN ? POURQUOI IL FAIT SI SOMBRE, ICI ?
JE VAIS ALLUMER !
ANTOINE, NON
MARIE, JE... JE...
CHUUTT !
MMMMMHHHHHH (1)
(1) AAAH BEN QUAND MÊME ! DEPUIS LE TEMPS QU'ON ATTENDAIT ÇA !
MARIE, C'EST... C'EST MERVEILLEUX ! MAIS HEU... COMMENT DIRE ? POUR TOI ET MOI, JE PRÉFÉRERAIS QUE CE SOIT NOTRE SECRET : TU CONNAIS LES COLLÈGUES ET...
OUI TU AS RAISON !
SURPRISE !!!
BLAM
CLIC
J'AVAIS COMPLÈTEMENT OUBLIÉ CE POT SURPRISE POUR FÊTER TON PASSAGE À LA TÉLÉ !
Vas-y Antoine fais péter l'audimat !
330
PICA 05 + ERROC

AUJOURD'HUI LES LYCÉENS PEUVENT, DOIVENT EXPRIMER LEUR MÉCONTENTEMENT !...
LYCÉENS EN GRÈVE
NON À LA RÉFORME
MARRE DE SE FAIRE AVOIR !
ÊTRE JEUNE : C'EST PAS FUN !
C'EST DÉJÀ LEUR DEUXIÈME SEMAINE DE GRÈVE !
ILS TIENNENT BON LES GAMINS !
LE RÔLE DES JEUNES EST D'INTERPELLER LES ADULTES SUR LEURS PRÉOCCUPATIONS...
?
...ET ILS DOIVENT SAVOIR QU'ILS SERONT ÉCOUTÉS !...
PARDON !
BON MAINTENANT ÇA SUFFIT, LES JEUNES ! LA RÉFORME EST PASSÉE ALORS VOUS ALLEZ GENTIMENT RETOURNER TRAVAILLER !
ALLEZ HOP !
LYCÉ
C'EST HORS DE QUESTION !!
OUAIS !
ON SE BATTRA JUSQU'AU BOUT !
OUAIS !
ON RETOURNERA PAS EN COURS !!
BON... ON VA EN DISCUTER CALMEMENT !...
POP POP POP
ET QUELLES QUE SOIENT LES DIVERGENCES, RIEN N'EST INSURMONTABLE LORSQUE L'ON CROIT AUX VERTUS DU DIALOGUE !
INTÉRESSANTE CETTE DISCUSSION...
OUI, LEURS ARGUMENTS ÉTAIENT PERTINENTS !
FINALEMENT, ILS NOUS ONT CONVAINCUS !
350
PICA 05 + ERROC

ALLONS, ALLONS, UN PEU DE SILENCE ! J'AIMERAIS BIEN POUVOIR COMMENCER LE COURS !
BROUHAHA BLABLABLABLAB
BLABLABROUHAHABLABL
VOUS VOUS Y PRENEZ VRAIMENT COMME UN MANCHE, MON VIEUX !
LES GAMINS NE VOUS RESPECTENT PAS !
?
BROUHAHABLABLABROUHAHABLA
SORTEZ D'ICI ! VOUS ÊTES INCAPABLE DE TENIR UNE CLASSE.
HEIN ? MAIS JE...
SORTEZ D'ICI, JE VOUS DIS ! DEHORS !
OUI, M'SIEUR, D'ACCORD, M'SIEUR, VOUS FÂCHEZ PAS, M'SIEUR !
BON ! À NOUS MAINTENANT : AVEC MOI, VOUS ALLEZ FILER DROIT, CROYEZ-MOI !
C'EST COMPRIS !
OUI, M'SIEUR !
D'ACCORD, M'SIEUR !
VOUS FÂCHEZ PAS, M'SIEUR !
BOUM ! BOUM !
ALORS, SORTEZ VOS AFFAIRES ! VITE ! VIIIITE !!!
OUI OUI
CRAINTE
PEUR
EXCUSEZ-MOI, ÇA VA ÊTRE ENCORE LONG...
PLOP
HMM ?
... POUR RÉPARER CE STORE ?
HEU... NON, NON, MAIS JE PENSAIS À AUTRE CHOSE !
BROUHAHA BLAB
BLABLAB
BROUHAHABA
332
PICA 05 + ERROC

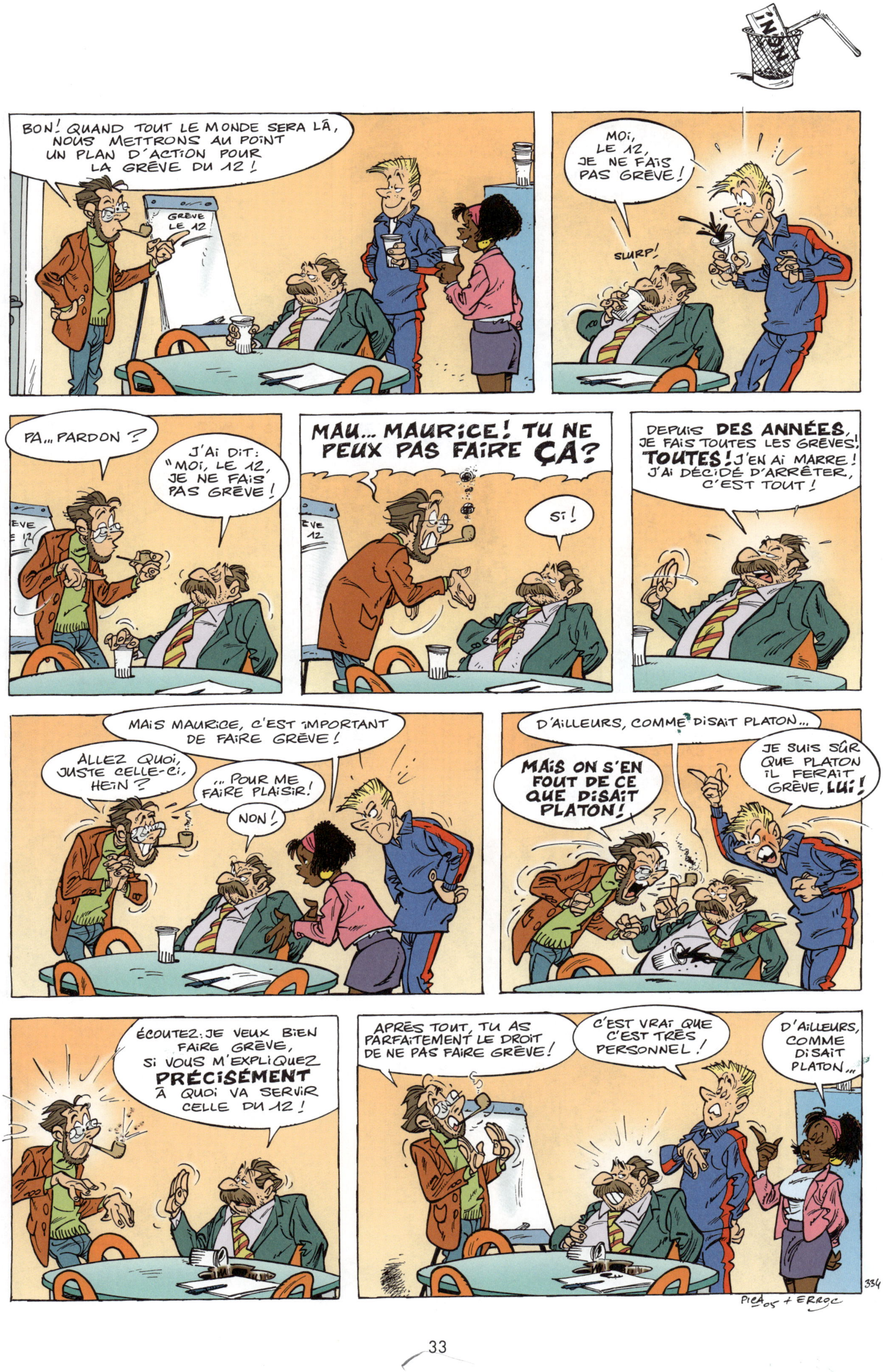

¡NON!
BON! QUAND TOUT LE MONDE SERA LÀ, NOUS METTRONS AU POINT UN PLAN D'ACTION POUR LA GRÈVE DU 12!
GRÈVE LE 12
MOI, LE 12, JE NE FAIS PAS GRÈVE!
SLURP!
PA... PARDON?
J'AI DIT: "MOI, LE 12, JE NE FAIS PAS GRÈVE!
MAU... MAURICE! TU NE PEUX PAS FAIRE ÇA?
SI!
DEPUIS DES ANNÉES, JE FAIS TOUTES LES GRÈVES! TOUTES! J'EN AI MARRE! J'AI DÉCIDÉ D'ARRÊTER, C'EST TOUT!
MAIS MAURICE, C'EST IMPORTANT DE FAIRE GRÈVE!
ALLEZ QUOI, JUSTE CELLE-CI, HEIN?
... POUR ME FAIRE PLAISIR!
NON!
D'AILLEURS, COMME DISAIT PLATON...
MAIS ON S'EN FOUT DE CE QUE DISAIT PLATON!
JE SUIS SÛR QUE PLATON IL FERAIT GRÈVE, LUI!
ÉCOUTEZ: JE VEUX BIEN FAIRE GRÈVE, SI VOUS M'EXPLIQUEZ PRÉCISÉMENT À QUOI VA SERVIR CELLE DU 12!
APRÈS TOUT, TU AS PARFAITEMENT LE DROIT DE NE PAS FAIRE GRÈVE!
C'EST VRAI QUE C'EST TRÈS PERSONNEL!
D'AILLEURS, COMME DISAIT PLATON...
334
PICA 05 + ERROC

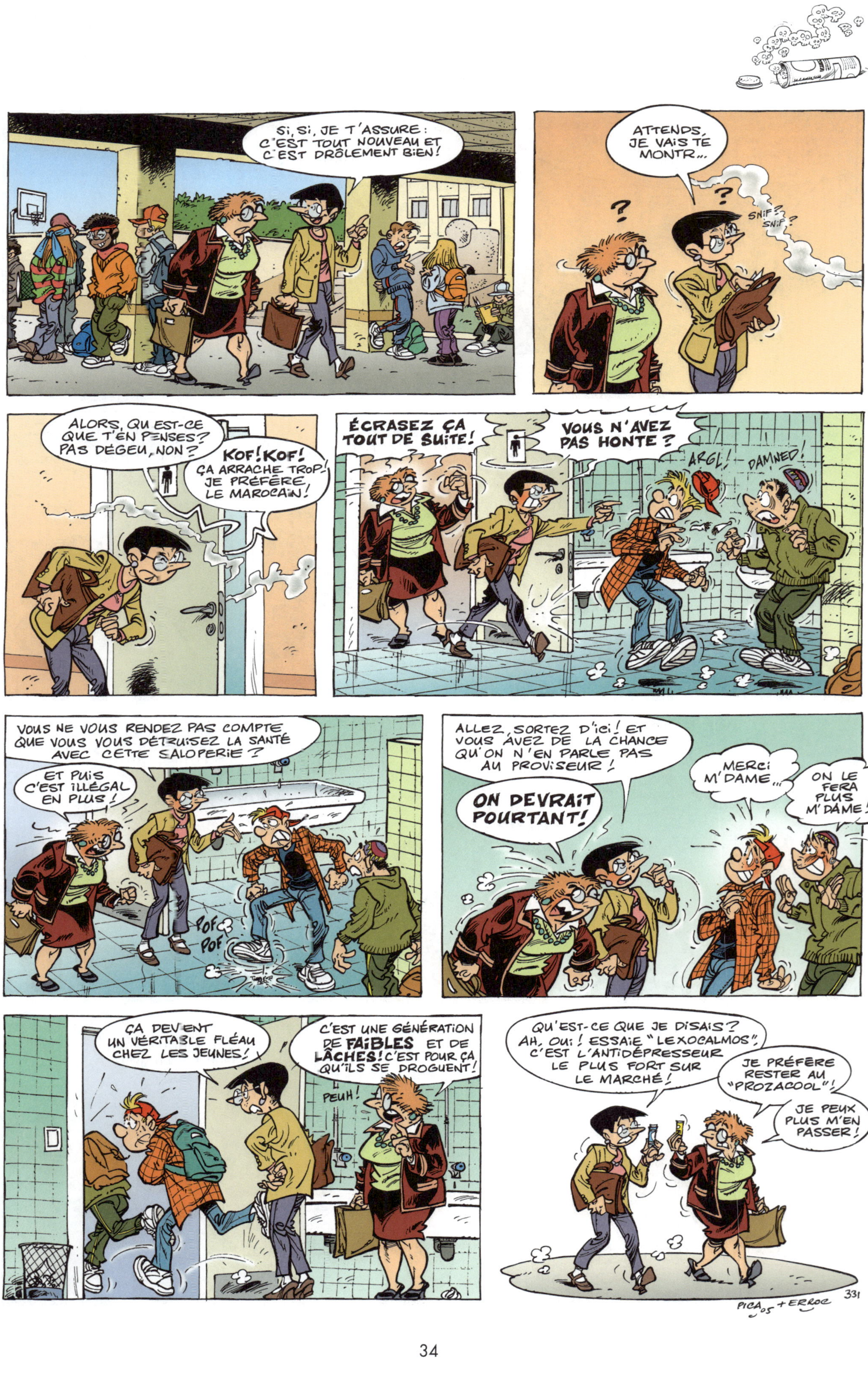

SI, SI, JE T'ASSURE : C'EST TOUT NOUVEAU ET C'EST DRÔLEMENT BIEN !
ATTENDS, JE VAIS TE MONTR...
?
?
SNIF ? SNIF ?
ALORS, QU'EST-CE QUE T'EN PENSES ? PAS DÉGEU, NON ?
KOF ! KOF ! ÇA ARRACHE TROP ! JE PRÉFÈRE LE MAROCAIN !
ÉCRASEZ ÇA TOUT DE SUITE !
VOUS N'AVEZ PAS HONTE ?
ARGL !
DAMNED !
VOUS NE VOUS RENDEZ PAS COMPTE QUE VOUS VOUS DÉTRUISEZ LA SANTÉ AVEC CETTE SALOPERIE ?
ET PUIS C'EST ILLÉGAL EN PLUS !
POF POF
ALLEZ, SORTEZ D'ICI ! ET VOUS AVEZ DE LA CHANCE QU'ON N'EN PARLE PAS AU PROVISEUR !
ON DEVRAIT POURTANT !
MERCI M'DAME...
ON LE FERA PLUS M'DAME !
ÇA DEVIENT UN VÉRITABLE FLÉAU CHEZ LES JEUNES !
C'EST UNE GÉNÉRATION DE FAIBLES ET DE LÂCHES ! C'EST POUR ÇA QU'ILS SE DROGUENT !
PEUH !
QU'EST-CE QUE JE DISAIS ? AH, OUI ! ESSAIE "LEXOCALMOS", C'EST L'ANTIDÉPRESSEUR LE PLUS FORT SUR LE MARCHÉ !
JE PRÉFÈRE RESTER AU "PROZACOOL" !
JE PEUX PLUS M'EN PASSER !
331
PICA 05 + ERROC

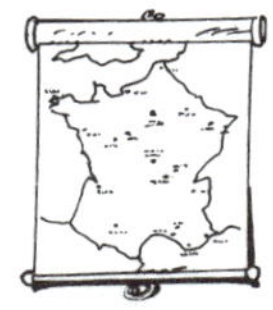

VOUS VOULIEZ ME VOIR, MONSIEUR LE PROVISEUR ?
AH, MONSIEUR POLOCHON !
OUI, C'EST AU SUJET DE VOTRE DEMANDE DE MUTATION !
J'AI REÇU UNE DIRECTIVE MINISTÉRIELLE : LA PROCÉDURE A ÉTÉ CONSIDÉRABLEMENT SIMPLIFIÉE !
?
VRRRAAA
VOILÀ : ALLEZ-Y !
HEIN ? MAIS JE...
VOUS AVEZ DROIT À DEUX ESSAIS !
AAAH ! C'EST RATÉ, DOMMAGE...
CONCENTREZ-VOUS UN PEU, MON VIEUX : VOUS JOUEZ VOTRE AVENIR, QUAND MÊME !
DEUXIÈME ESSAI !
BRAVO !
J'AI LE PLAISIR DE VOUS ANNONCER QUE VOTRE MUTATION AU HAVRE A ÉTÉ ACCEPTÉE !
MAIS HEU... J'AVAIS DEMANDÉ TOULOUSE ET...
TOUTES MES FÉLICITATIONS !
VOUS NOUS MANQUEREZ !
SI SI !
ALORS ? PAS MAL MON IDÉE POUR SIMPLIFIER CE CASSE-TÊTE DES MUTATIONS DE PROFS, NON ?
DITES, MONSIEUR LE MINISTRE...
... VOTRE DEMANDE DE MUTATION POUR LE MINISTÈRE DE L'AGRICULTURE, ELLE EN EST OÙ ?
336
PICA 05 TERROC

JE SUIS POSTÉ À L'ANGLE NORD-EST: J'AI TOUTE LA COUR DANS MON CHAMP DE VISION...
RIEN À SIGNALER!
JE ME DIRIGE ACTUELLEMENT VERS LE BÂTIMENT PRINCIPAL!
OVER!
RIEN À SIGNALER, ICI! JE PARS EN ÉCLAIREUR DU CÔTÉ DU PARKING!
OVER!
?
?
?
HUMPFF
HUMPFF
HUMPFF
ALERTE!
CARTABLE SUSPECT ABANDONNÉ À 10 HEURES!
INTERVENTION IMMÉDIATE!
OVER!
HÉÉÉÉ! MON SAC!
HANNN!
JE SAIS QU'IL Y A UNE PÉNURIE DE SURVEILLANTS EN CE MOMENT...
... MAIS JE NE VEUX PLUS D'ANCIENS MILITAIRES! COMPRIS!
INTERVENTION RÉUSSIE OVER!
337
PICA 05 + ERROC

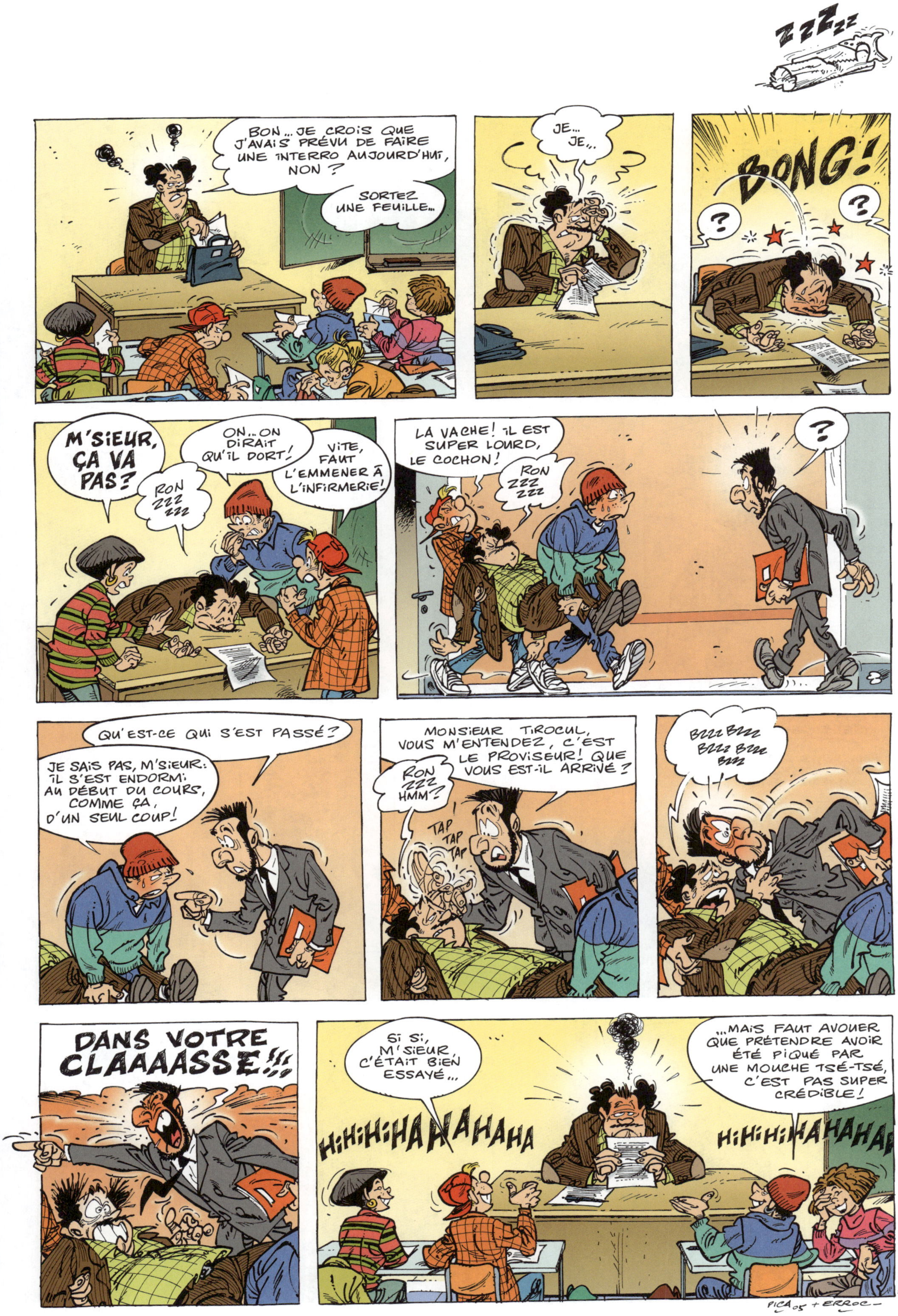
ZZZzz
BON... JE CROIS QUE J'AVAIS PRÉVU DE FAIRE UNE INTERRO AUJOURD'HUI, NON ?
SORTEZ UNE FEUILLE...
JE... JE...
BONG!
?
?
M'SIEUR, ÇA VA PAS?
RON ZZZ ZZZ
ON... ON DIRAIT QU'IL DORT!
VITE, FAUT L'EMMENER À L'INFIRMERIE!
LA VACHE! IL EST SUPER LOURD, LE COCHON!
RON ZZZ ZZZ
?
QU'EST-CE QUI S'EST PASSÉ?
JE SAIS PAS, M'SIEUR: IL S'EST ENDORMI AU DÉBUT DU COURS, COMME ÇA, D'UN SEUL COUP!
MONSIEUR TIROCUL, VOUS M'ENTENDEZ, C'EST LE PROVISEUR! QUE VOUS EST-IL ARRIVÉ?
RON ZZZ HMM?
TAP TAP TAP
BZZZ BZZZ BZZZ BZZZ BZZZ
DANS VOTRE CLAAAASSE!!!
SI SI, M'SIEUR, C'ÉTAIT BIEN ESSAYÉ...
HIHIHIHAHAHAHA
...MAIS FAUT AVOUER QUE PRÉTENDRE AVOIR ÉTÉ PIQUÉ PAR UNE MOUCHE TSÉ-TSÉ, C'EST PAS SUPER CRÉDIBLE!
HIHIHIHAHAHAHA
338
PICA 05 + ERROC

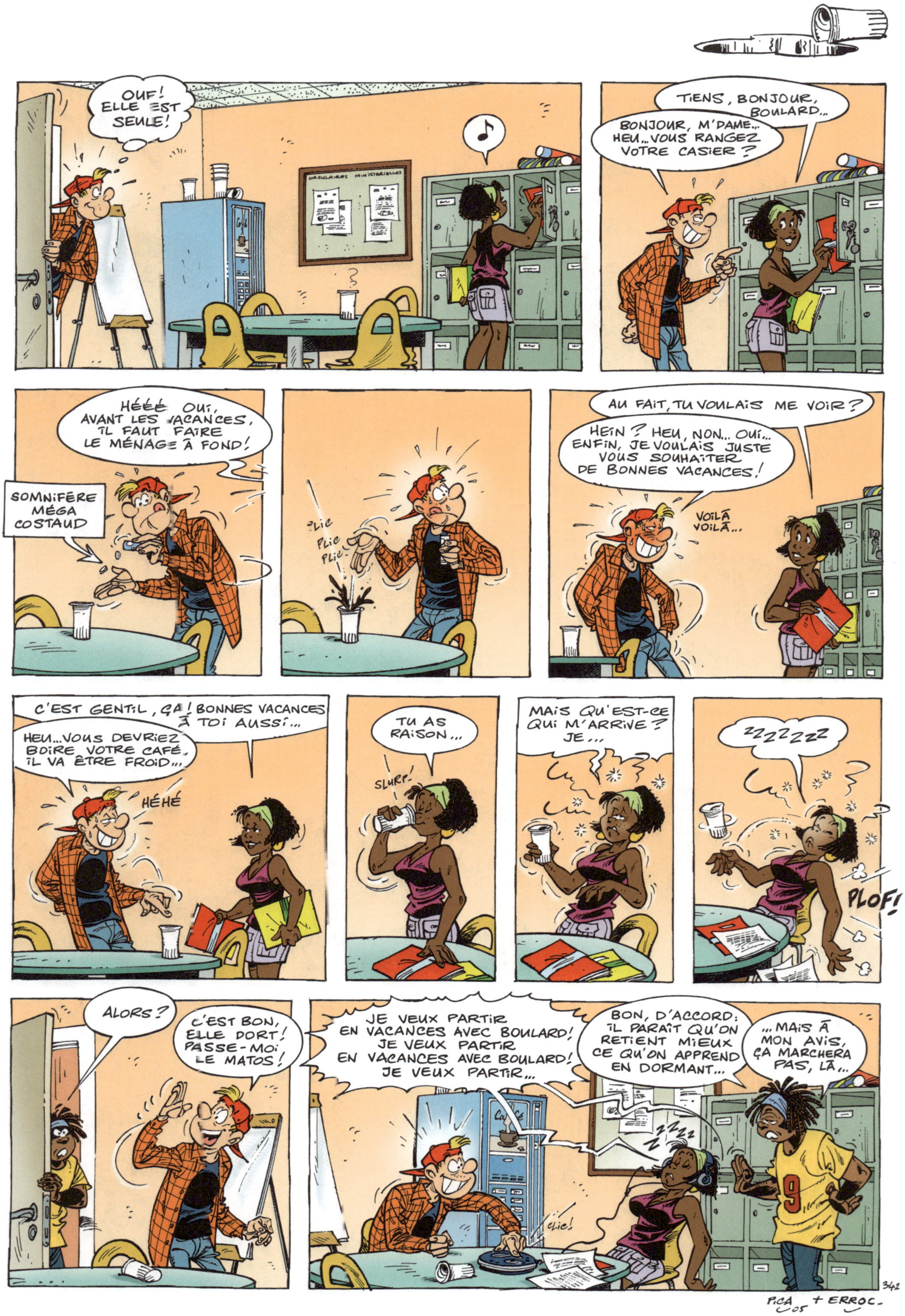
OUF! ELLE EST SEULE!
CIRCULAIRES MINISTÉRIELLES
TIENS, BONJOUR, BOULARD...
BONJOUR, M'DAME... HEU... VOUS RANGEZ VOTRE CASIER?
HÉÉÉ OUI, AVANT LES VACANCES, IL FAUT FAIRE LE MÉNAGE À FOND!
SOMNIFÈRE MÉGA COSTAUD
PLIC PLIC PLIC
AU FAIT, TU VOULAIS ME VOIR?
HEIN? HEU, NON... OUI... ENFIN, JE VOULAIS JUSTE VOUS SOUHAITER DE BONNES VACANCES!
VOILÀ VOILÀ...
C'EST GENTIL, ÇA! BONNES VACANCES À TOI AUSSI...
HEU... VOUS DEVRIEZ BOIRE VOTRE CAFÉ, IL VA ÊTRE FROID...
HÉHÉ
TU AS RAISON...
SLURP!
MAIS QU'EST-CE QUI M'ARRIVE? JE...
ZZZZZZZ
PLOF!
ALORS?
C'EST BON, ELLE DORT! PASSE-MOI LE MATOS!
JE VEUX PARTIR EN VACANCES AVEC BOULARD! JE VEUX PARTIR EN VACANCES AVEC BOULARD! JE VEUX PARTIR...
BON, D'ACCORD: IL PARAÎT QU'ON RETIENT MIEUX CE QU'ON APPREND EN DORMANT...
...MAIS À MON AVIS, ÇA MARCHERA PAS, LÀ...
CLIC!
342
PICA 05 + ERROC

TOUGOUDOUM TOUGOUDOUM
ON Y SERA DANS 3 HEURES À PEU PRÈS...
3 HEURES ? HOU... ÇA ME LAISSE PAS BEAUCOUP DE TEMPS, ÇA !
?
ALLEZ, AU BOULOT !
HOULÀLÀ
PLATON...
SOCRATE...
DESCARTES...
KANT...
NIETZSCHE...
CAZENOVE...
AH ! ON ARRIVE !
JE SUIS PRÊT !
CLAP !
JE SUIS IMPRÉGNÉ DE LA SAGESSE DES GRANDS ANCIENS. JE VAIS POUVOIR FAIRE FACE ET RESTER ZEN !
TU NE TROUVES PAS QUE TU EN FAIS UN PEU BEAUCOUP ?
AH BEN, LES VOILÀ !
AH NON, NON...
2
PAUMÉ sur LOIN
... POUR PASSER UNE SEMAINE DE VACANCES CHEZ TON FRÈRE, FAUT UN MENTAL EN BÉTON !
SALUT LA FRANGINE ! SALUT MAURICE !
HAHA
ALORS, SACRÉ FAINÉANT... TOUJOURS PROF DANS TON LYCÉE POUILLEUX ?
P
POIL AUX YEUX !
344
PICA 05 + ERROC

ELLE EST LÀ !
BON, ON S'ASSOIT ICI, PAS TROP PRÈS...
♪ C'EST VRAI QU'ELLE EST CANON, TA PROF DE FRANÇAIS !
CHHHT ! PAS SI FORT !
ET COMMENT T'AS SU QU'ELLE PASSAIT SES VACANCES ICI ?
JE L'AI ENTENDUE EN PARLER DANS LA SALLE DES PROFS...
APRÈS, J'AI RÉUSSI À CONVAINCRE MES PARENTS DE ME LAISSER PARTIR EN VACANCES AVEC DES COPAINS...
ET ON S'EST INSTALLÉS AU CAMPING MUNICIPAL TOUT POURRI !
ÇA, ON SAIT !
ET MAINTENANT, C'EST QUOI TON PLAN ?
BEN, JE RESTE ICI INCOGNITO ET JE SURVEILLE !
UNE FILLE COMME ÇA, ELLE DOIT PAS ARRÊTER DE SE FAIRE DRAGUER !
TU M'ÉTONNES !
DÈS QU'UN MEC LA GONFLE, HOP ! J'INTERVIENS : EFFET DE SURPRISE ET ELLE TOMBE RAIDE DINGUE DE MOI !!!
AH OUAIS, ÇA PEUT MARCHER...
Y'A JUSTE UN TRUC, BOULARD : T'AS PEUT-ÊTRE UN PEU TROP FORCÉ SUR L'INCOGNITO...
OUAIS...
?
...ELLE RISQUE DE SE DOUTER DE QUELQUE CHOSE...
...OU D'APPELER LES FLICS !
?
345
PICA + ERROC
05

ZEN

HHMMPFFF
PFOUUUUU
PFFFFFFF
C'EST BON, JE SUIS DÉTENDU !
TU SAIS, SI TU N'ES PAS PRÊT, ON PEUT TOUJOURS...
NON, NON, TOUT VA BIEN SE PASSER ! ON Y VA !
SAINT CHANOINAT
ÇA... ÇA VA, ANTOINE ?
OUI, OUI...
D 12
SAINT CHANOINAT
ATTENTION, ON APPROCHE...
SUEUR
SUEUR
SUEUR
MUSÉE NAPOLÉON
OUVERT
VROOOOOOOOO
BRAVE ANTOINE ! TRAVERSER UN VILLAGE OÙ IL Y A UN MUSÉE NAPOLÉON SANS T'ARRÊTER, JE CROYAIS PAS QUE TU Y ARRIVERAIS !
BIZZ
JE... JE SUIS GUÉRI !

CLUB FUN SUN
VILLAGE VACANCES
BONSOIR À TOUS! NOUS ALLONS TOUT DE SUITE COMMENCER NOTRE GRAND JEU : "L'ÉPREUVE SURPRISE"!
OOUAAAAIISSS!
ACCUEIL
FUN SUN
discothèque
CHACUN VA PIOCHER UN PETIT PAPIER DANS LE CHAPEAU...
AH, MOI, J'AI "ADRESSE".
ET MOI, J'AI "RAPIDITÉ".
CE QUI EST SUPER AVEC LES VACANCES, C'EST QUE ÇA NOUS CHANGE DU QUOTIDIEN!...
C'EST BON, TOUT LE MONDE EST SERVI ? ON COMMENCE TOUT DE SUITE AVEC LE NUMÉRO 1 !
C'EST MOI, C'EST MOI!
SALUT, COMMENT T'APPELLES-TU?
JEAN-JACQUES...
JEAN-JACQUES, TU AS L'ÉPREUVE D'ADRESSE: IL FAUT QUE TU JOUES DE LA FLÛTE AVEC DES GANTS DE BOXE!
HAHAHA! C'EST COMPLÈTEMENT NUL! MAIS C'ÉTAIT PAS FACILE! ON L'APPLAUDIT!
TUT
AU SUIVANT! OÙ EST LE N° 2 ?
HIHI, C'EST GÉNIAL!
C'EST MOI! C'EST MOI!
CLAPCLAP CLAP CLAP
SALUT, COMMENT T'APPELLES-TU?
SERGE!
SERGE, TU AS L'ÉPREUVE DE RAPIDITÉ! ASSIEDS-TOI!
SERGE VA DEVOIR CORRIGER 48 DICTÉES TRUFFÉES DE FAUTES EN UN TEMPS RECORD! ON L'ENCOURAGE!
C'EST VRAI QUE POUR MON MARI, ÇA LE CHANGE VRAIMENT DU QUOTIDIEN!
BRAVO! CLAP CLAP CLAP CLAP CLAP CLAP CLAP CLAP
VAS-Y SERGE!
347
PICA 05 + ERROC

NON!
AAAAH! C'EST QUAND MÊME COOL LES VACANCES, NON?
OUAIS, ON POURRAIT ALLER À LA PLAGE...
BAR MARINE
SI VOUS VOULEZ ÊTRE TRANQUILLE, JE CONNAIS UNE PLACE QUASI DÉSERTE DANS UNE PETITE CRIQUE À 2 KM D'ICI...
AH NON, NON, JE PRÉFÉRERAIS UNE PLAGE OÙ IL Y A BEAUCOUP DE MONDE!
?
AH? BEN ALORS, Y'A LA PLAGE MUNICIPALE, JUSTE EN FACE!
MAIS À CETTE HEURE-CI, Y'A TELLEMENT DE MONDE QU'IL FAUT S'ALLONGER DEBOUT SUR SA SERVIETTE!!
PARFAIT, C'EST CE QU'IL NOUS FAUT!
?
MAIS ENFIN, PAUL!
REGARDE! IL RESTE UNE PETITE PLACE, LÀ...
ON VA ÊTRE TRRRÈS BIEN, ICI...
?
?
BON ALLEZ AU BOULOT!
?
L'ÉDUCATION NATIONALE SERA EN GRÈVE DÈS LA RENTRÉE!
TENEZ, TOUTES NOS REVENDICATIONS SONT LÀ-DESSUS!
ÇA VOUS GÊNE PAS DE BRONZER BÊTEMENT PENDANT QUE L'ÉCOLE MEURT?
?
348
PICA 05 + ERROC

CETTE FOIS-CI, JE NE M'EN SORTIRAI PAS VIVANT!
MAIS POURQUOI JE NE PASSE PAS MES VACANCES EN BRETAGNE, COMME TOUT LE MONDE?
POK
AAAAAAAAHH!
PLOF
OUF!
PLOF
EXCUSEZ-MOI DE VOUS DÉRANGER, MAIS...
VOUS NE VOYEZ PAS QUE JE SUIS OCCUPÉ, NON ?
SALETÉS DE MOUSTIQUES!
PLAF!
J'AIMERAIS PARLER AVEC VOUS DE VOTRE EMPLOI DU TEMPS DE L'ANNÉE PROCHAINE...
MON... MONSIEUR LE PROVISEUR? MAIS QU'EST-CE QUE VOUS FAITES...
...LAAAAAAAAAAAAAAAAAAA
?
BONG
SAN GASPACHO HOSPITAL
URGENCIA
CHAQUE ANNÉE, IL DESCEND LES RAPIDES DU "RIO CHORIZO".
ET CHAQUE ANNÉE, IL EST PIQUÉ PAR LES MOUSTIQUES "DELIROS".
HiHi
RÉSULTAT: FIÈVRE HALLUCINATOIRE!
GNii GNNN
LÂCHEZ-MOI, SEÑOR...
... ET ARRÊTEZ DE M'APPELER "PROVISEUR"!
349
PICA 05 + ERROC

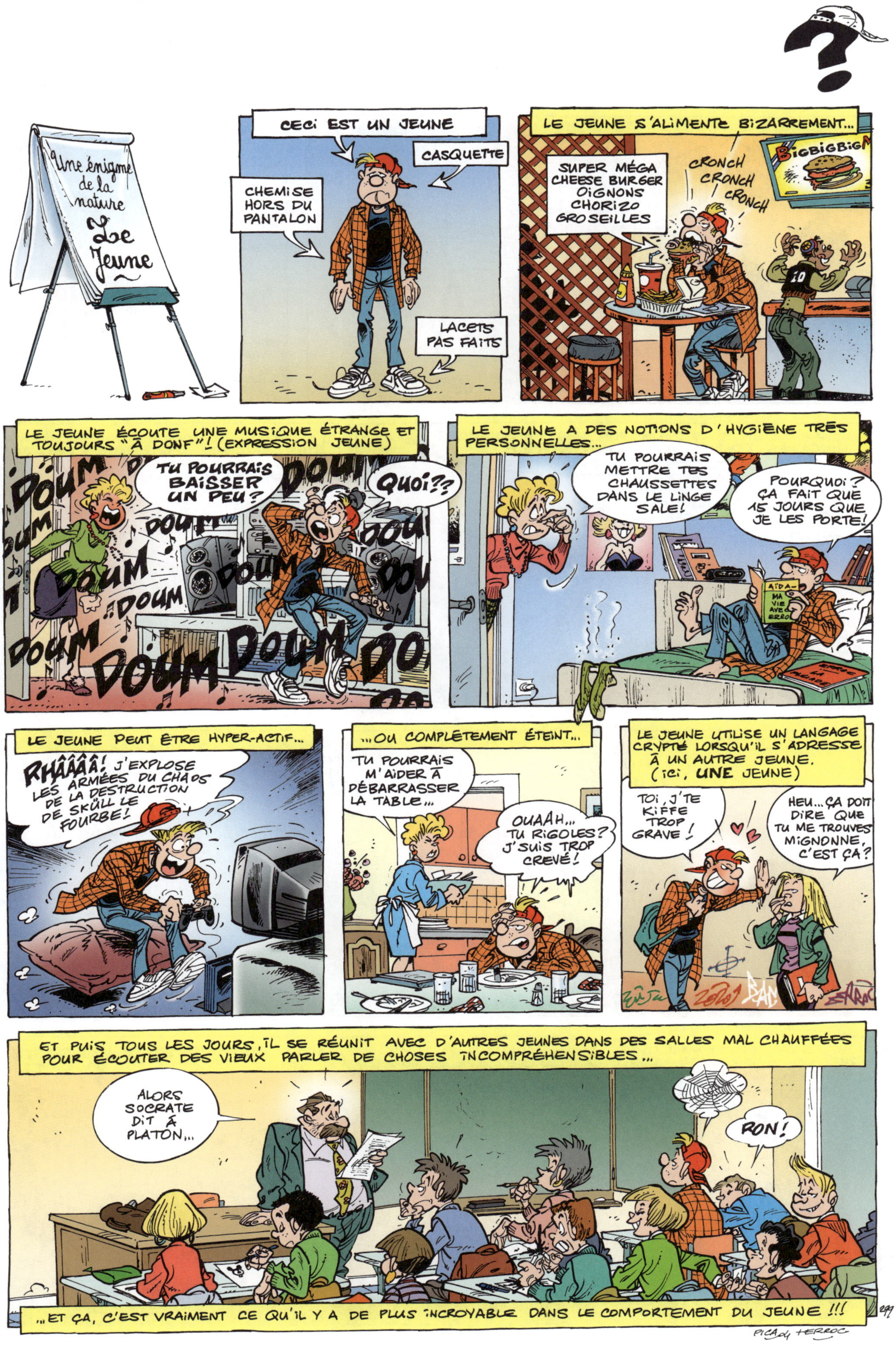
Une énigme de la nature
Le Jeune
CECi EST UN JEUNE
CASQUETTE
CHEMiSE HORS DU PANTALON
LACETS PAS FAiTS
LE JEUNE S'ALiMENTE BiZARREMENT...
SUPER MÉGA CHEESE BURGER OiGNONS CHORiZO GROSEiLLES
CRONCH CRONCH CRONCH
BiGBiGBiG
LE JEUNE ÉCOUTE UNE MUSiQUE ÉTRANGE ET TOUJOURS "À DONF"! (EXPRESSiON JEUNE)
TU POURRAiS BAiSSER UN PEU ?
QUOi ?!?
DOUM DOUM DOUM DOUM DOUM DOUM
LE JEUNE A DES NOTiONS D'HYGiÈNE TRÈS PERSONNELLES...
TU POURRAiS METTRE TES CHAUSSETTES DANS LE LiNGE SALE!
POURQUOi ? ÇA FAiT QUE 15 JOURS QUE JE LES PORTE!
LE JEUNE PEUT ÊTRE HYPER-ACTiF...
RHÂÂÂÂ! J'EXPLOSE LES ARMÉES DU CHAOS DE LA DESTRUCTiON DE SKÜLL LE FOURBE!
...OU COMPLÈTEMENT ÉTEiNT...
TU POURRAiS M'AiDER À DÉBARRASSER LA TABLE...
OUAAH... TU RiGOLES ? J'SUiS TROP CREVÉ!
LE JEUNE UTiLiSE UN LANGAGE CRYPTÉ LORSQU'iL S'ADRESSE À UN AUTRE JEUNE. (iCi, UNE JEUNE)
TOi, J'TE KiFFE TROP GRAVE!
HEU... ÇA DOiT DiRE QUE TU ME TROUVES MiGNONNE, C'EST ÇA ?
ET PUiS TOUS LES JOURS, iL SE RÉUNiT AVEC D'AUTRES JEUNES DANS DES SALLES MAL CHAUFFÉES POUR ÉCOUTER DES VIEUX PARLER DE CHOSES iNCOMPRÉHENSiBLES...
ALORS SOCRATE DiT À PLATON...
RON!
...ET ÇA, C'EST VRAiMENT CE QU'iL Y A DE PLUS iNCROYABLE DANS LE COMPORTEMENT DU JEUNE !!!

BONJOUR, MES CHERS COLLÈGUES !
SALLE DES PROFESSEURS
Vivement une bonne petite grève
PERMETTEZ-MOI DE VOUS PRÉSENTER MONSIEUR JEAN-MARIE OUINEUR !
?
?
?
ENCHANTÉ ! JE SUIS DIRECTEUR DES RESSOURCES HUMAINES (DRH) À LA GLOBAREP !
LA GRANDE ENTREPRISE DE COMMERCE INTERNATIONAL !
J'AI PROPOSÉ À MONSIEUR OUINEUR, SI VOUS ÊTES D'ACCORD, D'INTERVENIR DANS VOS CLASSES POUR PRÉSENTER LE MONDE DE L'ENTREPRISE ET MOTIVER VOS ÉLÈVES !
PARFAITEMENT !
M'OUAIS...
BOF !
AH, SI ! MOI, ÇA M'INTÉRESSE !
VENEZ, ALLONS-Y ! J'AI JUSTEMENT COURS TOUT DE SUITE AVEC UNE CLASSE DE SECONDE !
VOILÀ UNE ATTITUDE POSITIVE !
COMME J'AIME !
TOUT CE QUE VOUS POURREZ DIRE POUR VALORISER NOTRE BOULOT SERA LE BIENVENU !
COMPTEZ SUR MOI !
BONJOUR À TOUS ! SACHEZ QUE LE MONDE DE L'ENTREPRISE EST IMPITOYABLE !
ALORS, POUR COMMENCER, VOUS DEVREZ OUBLIER TOUT CE QUE VOUS AVEZ APPRIS À L'ÉCOLE !
320
PICA 04 + ERROC

ON EST DANS BAMBOO MAG !
C'EST LA GLOIRE !
SNIF !
IL EST NUL CE DESSINATEUR : JE SUIS BEAUCOUP PLUS BEAU QUE ÇA !

Vous aimerez aussi…

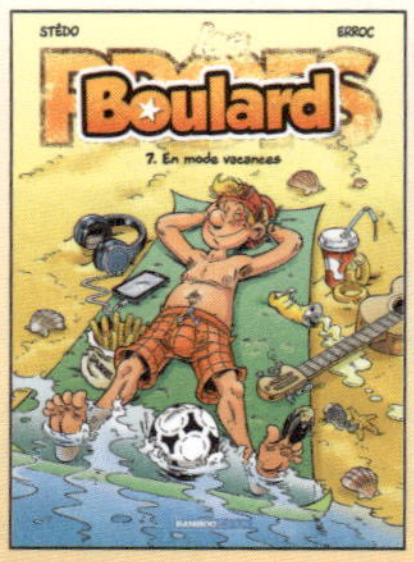

Boulard • 7 tomes
Scénario : Erroc
Dessins : Stédo
À PARAÎTRE

Les Gendarmes • 16 tomes
Scénario : Sulpice & Cazenove
Dessins : Jenfèvre

Les Pompiers • 19 tomes
Scénario : Cazenove
Dessins : Stédo

Les Footmaniacs • 17 tomes
Scénario : Sti
Dessins : Saive

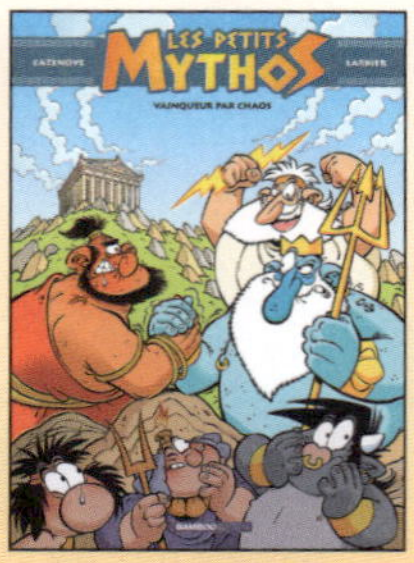

Les Petits Mythos • 10 tomes
Scénario : Cazenove
Dessins : Larbier

BAMBOO ÉDITION

À découvrir au rayon BD

Les Rugbymen • 18 tomes
Scénario : BeKa
Dessins : Poupard
TOME 18 FÉV. 20

Les Runners • 1 tome
Scénario : Sti
Dessins : Buche

Les Fondus de moto • 11 tomes
Scénario : Richez & Cazenove
Dessins : Bloz

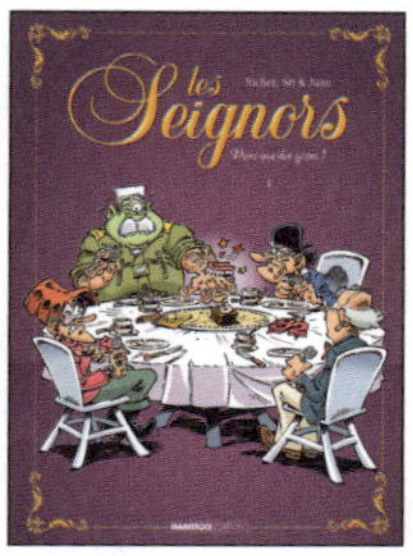

Les Seignors • 3 tomes
Scénario : Richez & Sti
Dessins : Juan
TOME 3 FÉV. 20

Les Fondus du fromage • 1 tome
Scénario : Cazenove & Richez
Dessins : Coicault

Nabuchodinosaure • 3 tomes
Scénario : Goulesque & Widenlocher
Dessins : Widenlocher

Les Dinosaures en BD • 5 tomes
Scénario : Plumeri
Dessins : Bloz

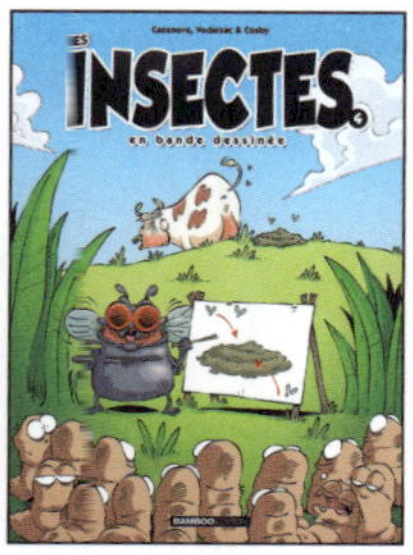

Les Insectes en BD • 4 tomes
Scénario : Cazenove & Vodarzac
Dessins : Cosby

Les Animaux marins en BD • 5 tomes
Scénario : Cazenove
Dessins : Jytéry

Les Cinq sans maîtres • 1 tome
Scénario : Cazenove & KarinKa
Dessins : Jytéry

Pilo • 3 tomes
Scénario : Mariolle
Dessins : Mariolle

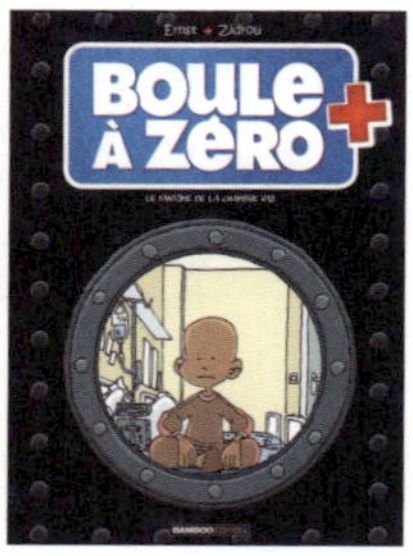

Boule à zéro • 8 tomes
Scénario : Zidrou
Dessins : Ernst
TOME 8 MARS 20

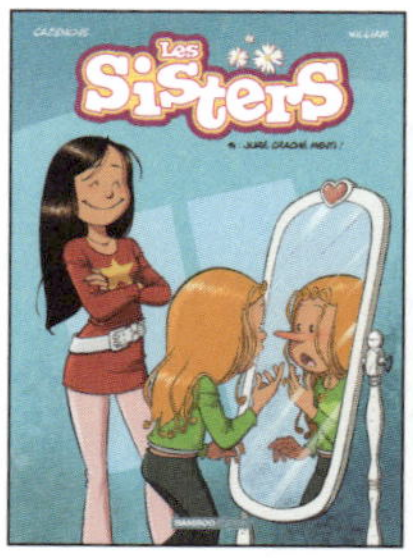

Les Sisters • 14 tomes
Scénario : Cazenove & William
Dessins : William

Cath et son chat • 9 tomes
Scénario : Cazenove & Richez
Dessins : Ramon
À PARAÎTRE

Mes Cop's • 11 tomes
Scénario : Cazenove
Dessins : Fenech

Triple Galop • 15 tomes
Scénario : Cazenove & Du Peloux
Dessins : Du Peloux

Le Blog de… Léonie • 3 tomes
Scénario : BeKa
Dessins : G. Mabire

Les Amies de papier • 3 tomes
Scénario : Chabbert & Cazenove
Dessins : Cécile

Retrouvez les actualités, infos et extraits de nos séries sur www.bamboo.fr

BAM
P.R.O.
NFARON
2- 1741